Le coming out

Ce qui est en toi et exprimé te rendra libre;
ce qui est en toi et non exprimé te consumera de l'intérieur.
--- Proverbe ancien

Tout d'abord, je me présente : je m'appelle Martin et je suis gai. J'ai mis plusieurs années à être à l'aise avec mon orientation sexuelle et, bien que ça ne soit pas la façon habituelle dont je me présente, c'est la façon la plus pertinente de le faire pour ce livre. J'ai décidé de l'écrire dans le but de partager l'expérience de mon coming out et d'en faire bénéficier les autres. Avant d'atteindre le bien-être que je vis actuellement, j'ai surmonté beaucoup de difficultés et je désire rendre la tâche plus facile pour les autres en partageant mon vécu. À quinze ans, la période la plus sombre de ma vie, j'avais terriblement besoin d'un modèle positif pour me réconforter et me montrer que les choses pouvaient s'améliorer. Je désire donc aujourd'hui être ce modèle pour les autres. Cependant, je ne prétends pas connaître *la* meilleure façon de faire son coming out ou de vivre sa vie. Au contraire, chaque histoire étant unique, chacun doit décider de la vivre selon ses réalités propres. Je peux cependant tirer des conclusions générales en me basant sur mon vécu et sur celui de mes amis homosexuels et partager les conseils qui ont fonctionné le mieux.

J'ai annoncé à mes parents que je suis gai à l'âge de quinze ans. Dans les années qui ont suivi, j'ai progressivement partagé la nouvelle à mes amis. Cependant, selon mon avis, mon coming out s'est déroulé sur une période encore plus longue. En fait, pour moi, le coming out est l'affaire de toute une vie, puisqu'il s'inscrit dans un travail d'affirmation personnelle qui peut continuellement être amélioré. Par exemple, bien que ça ne soit plus du tout un défi pour moi de dire que je suis gai à quelqu'un que je rencontre pour la première fois, il reste encore des situations où je ne suis pas confortable. Par exemple, écrire ce livre ou donner des conférences sur l'homosexualité représentent un défi pour moi! Pourtant, je n'ai aucun problème à ce que les autres sachent que je suis gai, mais j'ai de la difficulté à me « catégoriser » comme « auteur gai » ou à me définir principalement par mon orientation sexuelle. En même temps, je sais qu'en n'écrivant pas ce livre, je laisse des gens dans la souffrance inutilement. Je croise encore régulièrement des homosexuels de tous âges pour qui l'acceptation est encore difficile, à différents niveaux, et qui pourraient améliorer leur bien-être en se permettant davantage d'authenticité.

J'affirme que le coming out dure toute une vie puisque je le prends au sens large, c'est-à-dire qu'il s'agit de l'affirmation de soi, et pas seulement de son orientation sexuelle. J'adore la vidéo « Ted Talk » d'une lesbienne, Ash Beckham, qui définit le coming out comme étant l'annonce à son entourage de n'importe quelle nouvelle pour laquelle on appréhende les réactions. Par exemple, quelqu'un qui doit annoncer à ses proches qu'il est atteint du cancer ou quelqu'un qui désire annoncer à son conjoint qu'il le quitte, passe souvent par les mêmes étapes que les gens faisant le choix de divulguer leur orientation sexuelle. Toute notre vie donc, nous sommes confrontés à des situations où il faut s'affirmer en ne sachant pas comment les autres vont réagir. Le meilleur outil qu'on peut développer pour se faciliter la tâche est la confiance en soi. Plus elle est forte, moins on est sujet à l'opinion des autres et plus on est libre d'affirmer qui on est véritablement. Comme je l'ai dit, c'est donc le travail de toute une vie. Cependant, je tiens à vous rassurer : l'expérience d'affirmation devient rapidement plus facile et plus agréable au fur et à mesure qu'on accumule de la pratique! Mais, commençons donc par le début et laissez-moi vous parler de ma définition de ce que ça veut dire « être gai ».

On écrit « gai » ou « gay » ?

À ma connaissance, dans toutes les régions du monde, on écrit « gay » avec l'orthographe anglophone… sauf au Québec, où on aime bien traduire certains mots pour les franciser. Comme je viens du Québec, j'écris « gai », mais il n'y a aucune différence de sens avec le mot « gay ».

Tables des matières

À ma mère qui m'a donné,
consciemment et inconsciemment,
tous les outils nécessaires
pour une vie épanouie.

Qu'est-ce que ça veut dire « être gai » ?

Au départ, alors que j'avais entre douze et quinze ans, je me sentais différent. Par contre, je ne croyais pas que j'étais gai à cette époque, puisque je ne me sentais pas comme l'*image* que j'avais des gais. Pour moi, être gai voulait dire être efféminé, être excentrique, aimer s'habiller en femme et tous les autres clichés qu'on peut voir dans les films et à la télévision. Comme je savais que ce n'était pas moi, mais que je ne semblais pas avoir autant d'intérêt pour les filles que mes amis, je me sentais appartenir à aucune catégorie : j'étais unique en mon genre. Personne ne m'avait enseigné qu'il était possible pour un homme d'avoir un sentiment amoureux pour un autre homme et d'être masculin en même temps. Personne ne m'avait enseigné qu'être homosexuel ne se voit pas nécessairement de l'extérieur. Puisque j'ai dû concevoir ma propre définition, j'ai mis plusieurs années pour devenir complètement à l'aise de me considérer homosexuel. En fait, je n'avais pas trop de difficulté à dire aux gens que je suis attiré par les hommes plutôt que les femmes, mais je n'étais pas à l'aise de leur dire que je suis gai parce que j'avais l'impression qu'ils allaient automatiquement m'associer à leur propre image négative de ce qu'est un homosexuel. Je ne voulais pas dire aux gens : « Je suis comme le stéréotype qu'il y a dans votre tête. » Je voulais qu'ils aient davantage l'occasion d'apprendre à me connaître avant de leur en parler. Je voulais que les gens se disent : « Martin, c'est une personne intéressante et un côté de sa personnalité est son orientation sexuelle différente de la mienne. » Je voulais me présenter de façon normale, sans que mon homosexualité ne soit un enjeu. Avant de pouvoir affirmer librement mon orientation sexuelle, j'avais donc besoin de créer ma propre définition de l'homosexualité et de la communiquer aux gens en même temps que je faisais mon coming out.

Avec le temps, j'ai par contre appris à bâtir ma confiance en moi et à pouvoir utiliser le terme « gai » sans avoir l'inquiétude de ce que les gens allaient interpréter. En fait, j'ai même réalisé, au cours des années, que les gens ne réagissent pas seulement en fonction de leur propre image préconçue de l'homosexualité, mais aussi beaucoup en fonction de la *façon* dont je leur annonce la nouvelle. Les premières fois où j'ai partagé à mes amis que je suis gai, j'étais gêné, honteux et mal à l'aise de le faire. J'appréhendais leur réaction et j'obtenais donc des réactions d'inconfort en retour. Au fil des années, cependant, je suis devenu beaucoup plus sûr de moi et plus indifférent face aux réactions des autres et, comme je l'annonçais « comme si de rien n'était » les gens réagissaient également comme s'il s'agissait d'un fait anodin. J'ai donc pris conscience avec le temps que mon degré d'assurance détermine une grande partie de la réaction des gens.

Un élément important qui m'a aidé à assumer pleinement que je suis gai, a été de graduellement reconnaître que je n'avais pas besoin de correspondre à aucun modèle. Bien souvent, on résiste à l'idée d'être homosexuel parce qu'on ne veut pas correspondre à l'*image* qu'on a ou que la société a d'une personne homosexuelle. En réalisant qu'on n'a pas à correspondre à cette image, on peut plus facilement accepter l'étiquette. C'est arrivé à un de mes copains qui se considérait toujours hétérosexuel au début de notre relation et il me voyait comme une « exception » à son orientation sexuelle. Il avait en fait besoin de temps pour s'acclimater à sa nouvelle identité.

Le problème, justement, est que les étiquettes sont trop réductrices. Le terme homosexuel désigne une orientation sexuelle unique, mais il existe selon moi autant d'orientations différentes que d'humains sur Terre. Par exemple, il existe différents « degrés » d'homosexualité, d'hétérosexualité et de bisexualité et l'orientation sexuelle ou ces « degrés » ne sont pas coulés dans le béton pour toute une vie non plus. Moi-même, dans une certaine période de ma vie, mon intérêt affectif pour les filles a légèrement augmenté. Je me considérais toujours homosexuel et principalement attiré par les hommes, mais à un degré différent.

Dans une autre période de ma vie, vers l'âge de vingt ans, je disais aux gens que j'étais bisexuel, alors que, inconsciemment, ce n'était qu'une façon plus facile pour moi d'annoncer que je suis gai. À ce moment encore, je me sentais davantage attiré par les hommes que les femmes, mais ce n'était pas une complète certitude non plus. Comme vous pouvez le voir, l'orientation sexuelle n'est pas définie une fois pour toute et peut varier légèrement dans le temps. Ça ne veut pas dire qu'on se réveille un matin et que tout a changé, mais il peut y avoir de *subtiles* fluctuations au cours de notre vie. En fait, selon moi, c'est l'attirance amoureuse qui définit notre orientation sexuelle. Lorsque j'affirmais que j'étais bisexuel, ce n'était pas véritablement de la bisexualité, parce que je n'éprouvais pas de sentiments amoureux envers les filles. Par contre, la bisexualité existe aussi comme orientation sexuelle à part entière. J'ai fait cette constatation lorsque j'ai côtoyé quelques personnes bisexuelles véritablement capables de tomber amoureuses d'un homme ou d'une femme, sans distinction. On croit souvent, à tort, que la bisexualité n'existe pas, parce que plusieurs homosexuels vivent, comme je l'ai vécu, la bisexualité comme étant une phase transitoire entre l'identité hétérosexuelle qu'on leur a inculquée et l'affirmation de leur homosexualité. Les bisexuels que j'ai rencontrés souffrent donc beaucoup de cette incompréhension de la part autant des homosexuels que des hétérosexuels. Ils se sentent souvent doublement rejetés et il faut donc être particulièrement à l'écoute des bisexuels et recevoir ce qu'ils affirment avec ouverture et empathie.

Suis-je gai?

On me demande occasionnellement comment on fait pour savoir si on est gai. J'ai rencontré plusieurs gars dans ma vie qui, selon mon opinion, étaient gais, mais pas selon la leur, même s'ils affirmaient s'être sérieusement posé la question. Alors, comment expliquer cette différence? Selon moi, c'est dû au fait que les étiquettes dont j'ai parlé précédemment sont trop réductrices et qu'il est impossible de faire correspondre tous les individus à une seule étiquette qui englobe tout. C'est d'ailleurs vrai pour toutes les étiquettes. Prenons un parti politique, par exemple, qui réunit toutes sortes de gens sous une même bannière, mais où les différences individuelles varient énormément. Pour simplifier les choses, on associe tous ces gens à un seul et même parti, mais si on souhaitait véritablement représenter les idées exactes de chacun de ses membres, chacun aurait son propre parti politique. Je crois donc qu'il existe une foule de gars qui ne se reconnaissent pas dans la définition commune de l'homosexualité, mais qui n'appartiennent pas complètement à l'hétérosexualité non plus.

L'important, en fait, c'est l'*authenticité*. Pendant plusieurs années, j'étais mal à l'aise avec les gars efféminés. Par contre, au fur et à mesure que j'ai gagné confiance en moi-même, mon besoin de *prouver* ma masculinité a diminué, et mon inconfort envers les efféminés s'est transformé en un inconfort envers la non-authenticité. J'ai observé que certains homosexuels, souvent parce qu'ils avaient beaucoup été rejetés, exagéraient leur féminité afin de correspondre et de trouver appartenance à un groupe qui les accepterait. Cependant, je suis davantage attiré par les gens que je sens authentiques, peu importe s'ils correspondent à mon idéal de personnalité ou pas. L'important, pour être bien dans sa peau, c'est d'être honnête avec soi-même. Donc, si on se pose des questions à propos de son orientation sexuelle, c'est important de prendre son temps pour considérer la chose et de ne rien rejeter en bloc parce qu'on ne correspond pas à la définition commune de l'homosexualité.

Il existe une importante différence entre l'attirance affective et l'attirance physique. J'ai rencontré plusieurs gars qui avaient une attirance *affective* envers d'autres gars, mais qui avaient une attirance physique pour les filles. Ces gars vivent avec des signaux divergeant qui peuvent être difficile à réconcilier. Le cœur (l'émotionnel) dit une chose et la tête (le rationnel) dit autre chose. J'ai toujours pensé que la solution dans ces cas était d'aligner le rationnel (muable) sur l'émotionnel (immuable). C'est d'ailleurs comme ça pour absolument tout dans la vie. Par exemple, j'ai personnellement envie de développer une carrière de conférencier international (objectif émotionnel), mais je suis réfréné par la peur (arguments rationnels). Pourtant, ma seule option pour trouver une satisfaction durable est de surmonter mes peurs rationnelles (la portion qui se change) et de déployer tous les efforts nécessaires pour réaliser les désirs de mon cœur (la portion qui ne se change pas). C'est vrai pour mes relations amoureuses également et une psychologue que j'ai consultée pendant quelques années m'a fait remarquer comment je choisis mes copains, au fil des années, de moins en moins par des critères rationnels et de plus en plus selon des critères émotionnels. Je cherche moins un gars en fonction de critères définis et plus un gars avec qui je me sens bien.

Les relations sexuelles

Il est bien important pour moi de distinguer les expériences sexuelles de l'orientation sexuelle. Selon certaines études, un homme sur trois a déjà eu une relation sexuelle avec un autre homme dans sa vie. Ça ne veut pourtant pas dire que tous ces hommes sont homosexuels. Une ou quelques expériences ne définissent pas une orientation sexuelle entière! De plus, un homme qui essaie d'avoir une première relation sexuelle avec un autre homme et qui n'aime pas son expérience ne doit pas non plus conclure qu'il n'est pas homosexuel pour autant. Je connais de nombreux homosexuels qui n'ont pas aimé leurs premières relations sexuelles avec d'autres hommes. Moi-même, mes premières relations sexuelles n'ont pas toujours été agréables. Avec le temps, mes relations sexuelles sont devenues une extension de la relation affective que je ressens pour quelqu'un. Mais, au cours des premières années, les relations sexuelles avec des gens rencontrés dans les bars ou sur internet m'ont souvent déçu. Je réalise aujourd'hui que je cherchais à combler un manque affectif et, ne sachant pas comment le combler, j'essayais de trouver le réconfort dans les relations sexuelles. Comme mon besoin n'était pas aligné avec mes actions, je ne trouvais jamais la satisfaction que je cherchais.

Il existe une foule de critères qui rendent les relations sexuelles agréables et, bien souvent, ces critères sont complètement absents. Par exemple, si la relation sexuelle se passe avec un inconnu, se déroule en vitesse, et qu'il s'agit d'une rencontre dépourvue d'émotions, il est fort probable que cette expérience ne sera pas agréable ou, du moins, elle ne sera pas satisfaisante à long terme. Bien évidemment, tout comme pour les relations hétérosexuelles, les relations homosexuelles doivent comporter de l'affection, du respect mutuel et une bonne communication pour être véritablement satisfaisantes. Malheureusement, comme les relations homosexuelles sont taboues dans bien des endroits, on n'a souvent pas l'impression qu'il peut s'agir de relations aussi épanouissantes que les relations hétérosexuelles.

J'ai déjà fréquenté un gars qui se sentait « sale » les premières fois que nous avons couché ensemble, tout simplement parce qu'on lui avait appris qu'une relation sexuelle entre deux hommes était sale. Moi-même, la première fois où j'ai vu deux gars s'embrasser dans un bar gai, j'ai trouvé ça déplacé! Pourquoi moi, étant homosexuel, a trouvé déplacé de voir deux gars s'embrasser? Tout simplement parce que c'est ce que mon éducation m'avait appris! J'ai donc dû refaire ma propre éducation : me demander si les croyances qu'on m'avait transmises servaient toujours mon bien-être et réviser celles qui le nécessitaient.

Lorsqu'on est confronté à quelque chose de nouveau, voir deux hommes s'embrasser, par exemple, on est habitué de comparer cette nouveauté à nos croyances établies. Si l'évènement correspond à nos croyances existantes, on l'accepte et, si ce n'est pas le cas, on le rejette. Pourtant, l'attitude que nous devrions avoir n'est pas celle de comparer la nouveauté à notre bassin de croyances existantes, mais plutôt de se demander si cette nouvelle croyance servirait davantage notre bien-être. Si la réponse est affirmative, il faut alors faire de la place à cette nouvelle croyance pour l'incorporer à nos croyances existantes et c'est seulement si on constate que la nouvelle croyance ne servirait pas notre bien-être qu'il faut la rejeter.

De retour aux relations sexuelles, il ne faut pas non plus confondre plaisir physique et attirance affective. On associe régulièrement le plaisir anal avec l'homosexualité. Pourtant, je connais des hétérosexuels qui aiment bien que leur compagne féminine leur insère un doigt dans l'anus pendant leurs relations sexuelles. Le plaisir par l'anus est donc une réaction purement physique et aucunement indicatrice de l'orientation sexuelle. Je le rappelle, être homosexuel est tout d'abord une attirance *affective*. Bien évidemment, il est logique d'avoir une attirance physique pour les personnes envers qui nous avons une attirance affective, mais c'est la différence fondamentale entre une personne véritablement homosexuelle ou un hétérosexuel qui a des expériences sexuelles avec quelqu'un du même sexe que lui.

Personnellement, j'ai eu la chance que mes toutes premières relations sexuelles avec un homme soient très agréables. C'était avec mon copain de l'époque et nous sortions ensemble depuis un peu plus d'un mois. Au cours de nos premières expériences sexuelles, il y avait une excellente communication et on se partageait ce qu'on aimait et ce qu'on n'aimait pas. On était à l'écoute l'un de l'autre et on prenait plaisir à ce que l'autre ait du plaisir. Lorsque tous ces critères sont réunis, on profite vraiment de l'expérience et on démarre sa vie affective sur des bases solides. Si votre vie sexuelle n'a pas démarré avec des expériences positives, il est important de refaire sa propre éducation, et de prendre son temps pour aller chercher les expériences qui vont reconstruire votre vision de l'homosexualité de façon saine et positive.

Le processus de libération

Il existe plusieurs théories sur l'origine de l'homosexualité :
s'agit-il d'un gêne? L'homosexualité est-elle acquise ou innée?
L'environnement dans lequel on grandit a-t-il une influence?
Selon moi, être gai est purement inné. Être homosexuel ou
hétérosexuel n'est donc **PAS** un choix. Lorsque je donne mes
conférences sur l'homosexualité, je suis surpris de constater le
nombre d'individus qui croient toujours qu'il s'agit d'un choix.
Connaissant l'ampleur du défi que j'ai surmonté pour accepter
mon orientation sexuelle, je me demande alors pourquoi
quiconque de sensé choisirait volontairement de s'imposer un
tel défi d'acceptation! Pendant toute mon adolescence, entre
douze et vingt ans, si j'avais eu l'option d'être hétérosexuel,
j'aurais probablement dit oui! Aujourd'hui par contre, une fois
mon acceptation réalisée, je ne changerais absolument jamais!
Ce qui mêle généralement les gens est que les personnes
homosexuelles ont effectivement un choix à faire : celui de vivre
leur orientation sexuelle ouvertement ou pas. C'est un choix
complètement différent! Parce qu'une personne homosexuelle
qui décide de ne pas vivre ouvertement son homosexualité sera
probablement malheureuse toute sa vie, alors que quelqu'un qui
choisit de surmonter ce défi d'acceptation et d'en parler à son
entourage sera, une fois les remous de la nouvelle calmés, bien
plus heureuse toute sa vie.

Personnellement, la découverte de mon homosexualité a été très
pénible. J'ai eu mes premières interrogations vers l'âge de douze
ans. À ce moment, comme je l'ai dit plus tôt, je ne me sentais pas
homosexuel, parce que je ne correspondais pas au stéréotype
que j'avais en tête, mais je me sentais différent. Au cours des
années qui ont suivi, mon sentiment de différence s'est précisé
pour culminer à l'âge de quinze ans, où mon orientation sexuelle
était devenue plus claire : j'étais physiquement attiré par les
gars. J'étais aussi attiré par les gars émotionnellement, mais je
confondais à l'époque cette attirance avec l'amitié. Cependant, en
constatant que j'étais différent des gars hétérosexuels autour de

moi, et en étant témoin d'homophobie, je me suis isolé, en évitant de partager ce que je ressentais à l'intérieur de moi. De plus, la période entre les âges de cinq et quinze ans a été très difficile pour moi à l'école, parce que je me faisais constamment intimider. Je ne me faisais pas humilier pour mon homosexualité, puisqu'elle n'était pas apparente, mais les autres élèves s'en donnaient à cœur joie pour me lancer les pires insultes à tout moment, à propos de n'importe quoi. Le pire endroit était l'autobus scolaire où il n'y avait pas la surveillance des enseignants. Les écoliers en profitaient alors pour me dire que j'étais laid, ils rigolaient de mes vêtements démodés, me disaient que je n'étais qu'un « suiveux », bref, n'importe quelle excuse était bonne pour me rabaisser.

Avec le temps, cette intimidation s'est incorporée à la découverte de mon homosexualité et la honte que j'y rattachais. En étant homosexuel, j'avais l'impression de décevoir mes parents, de briser leur rêve d'avoir des petits-enfants (même si j'ai un frère et une sœur), d'être la honte de la famille, d'être anormal et que ma vie continuerait d'être un perpétuel combat comme elle l'était depuis plusieurs années. J'en suis donc venu à entretenir des pensées suicidaires. Pendant un mois environ, j'ai planifié mon suicide, en prenant soin que ça ait l'air d'un accident, pour épargner la culpabilité à mes parents. Fort heureusement, après un mois de torture interne, je leur ai rédigé une lettre pour leur partager ce que je vivais : l'intimidation, l'homosexualité et les pensées suicidaires. Dès qu'ils ont lu la lettre, mes parents sont venus me rejoindre dans ma chambre et nous avons longuement pleuré. Le lendemain, mes parents m'ont obligé à rencontrer un travailleur social et ce dernier m'a parlé d'un groupe de jeunes gais de quatorze à dix-sept ans qui se rencontraient toutes les semaines. Ce fut le début d'une grande libération. Je sortais enfin de mon isolement! J'ai fréquenté ce groupe pendant un an et, en partageant ce que je vivais avec les autres, en réalisant que je n'étais pas seul, j'ai rapidement repris goût à la vie. Parallèlement, les moqueries à l'école se sont arrêtées! Pourtant, je n'avais à ce moment partagé à personne que je suis gai, mais mon explication personnelle est que je devais rayonner une meilleure confiance en moi, ce qui me rendait une victime moins intéressante pour les moqueries. Avec le recul, je suis persuadé que c'est effectivement mon changement d'attitude à l'intérieur qui s'est reflété à l'extérieur de moi.

Pourtant, mon acceptation n'était pas accomplie pour autant. Et elle ne s'est pas faite de façon linéaire : il y a eu une multitude d'avancées qui ont abondamment été ponctuées de reculs. Entre seize et vingt ans, j'ai affirmé être hétérosexuel à certains moments, ou bisexuel à d'autres. En rétrospective, je réalise que j'ai toujours été persuadé que j'étais gai, même pendant ces années, mais je croyais que l'acceptation sociale voulait dire être pareil aux autres. Je n'avais pas encore la force intérieure nécessaire pour affirmer ma différence. En secondaire cinq, à dix-sept ans, j'ai même fait de l'homophobie, c'est-à-dire que j'ai proféré des remarques désobligeantes à l'égard d'un autre homosexuel de mon école. Dans ma tête, c'était une façon de me protéger : je me disais que, si j'attaque l'homosexuel de l'école, les autres vont certainement penser que je ne peux pas être homosexuel moi-même! Lorsque je raconte cette anecdote dans mes conférences, je sens que je « rassure » beaucoup de gens. C'est tout à fait « correct » d'*avoir été* homophobe : l'important est de ne pas le rester! Il faut reconnaître les erreurs du passé et rester ouvert à changer notre opinion si on découvre qu'on s'est trompé. C'est la même choses pour les amis à qui j'ai dit que je suis gai : ils repensaient aux commentaires homophobes qu'ils avaient pu faire en ma présence au cours des dernières années et se sentaient coupables de ce qu'ils avaient dit. Je les réconfortais en leur disant que l'important pour moi était plutôt de démontrer de l'ouverture *à partir de maintenant* et de continuer à me traiter comme l'ami que j'avais toujours été, malgré mon orientation sexuelle différente. Et c'est ce qu'ils ont tous fait.

Un autre exemple sur l'importance de bien gérer l'homophobie a eu lieu lors d'une de mes conférences où un jeune a passé un commentaire homophobe. Tous ses camarades de classe se sont mis à l'injurier et à le traiter de rétrograde. Je les ai immédiatement arrêtés en leur disant de respecter son opinion.

Bien sûr, je n'adhère pas du tout aux idées ou aux discours homophobes. Cependant, je crois que chacun a droit à son opinion et qu'il est absolument impossible de faire changer des opinions par la force. Ce jeune qui avait des propos homophobes avait besoin de réaliser *par lui-même* que ses croyances ne lui servent pas. En étant envoyés comme des injures, les commentaires avaient probablement pour effet de le renforcer dans sa croyance homophobe. Par contre, ça ne veut aucunement dire qu'il faut tolérer l'homophobie en silence. La présentation d'une opinion inverse, apportée de façon calme et posée, est peut-être moins percutante sur le coup, mais elle est beaucoup plus susceptible de faire son chemin et de faire changer les opinions à long terme. Selon mon expérience, dans absolument tous les cas, l'approche douce est plus efficace que la confrontation. Par exemple, j'aurais pu lui proposer une situation fictive où certaines de ses valeurs auraient été en conflit, pour lui permettre de réviser ses valeurs en les relativisant les unes avec les autres. J'aurais pu lui demander comment il aurait réagit s'il avait convoité un emploi très intéressant qui venait avec une importante augmentation de salaire, mais qu'il apprenait que son futur patron est homosexuel. Peu importe la réponse de l'individu, je crois que c'est lorsque nos valeurs entrent en conflit qu'on est appelé à les réviser, *par soi-même*, et à se demander si nos croyances ont toujours raison d'être. Cette question aurait donc peut-être pu lui permettre de démarrer une réévaluation de ses croyances.

C'est la même chose qui se passe quand des parents apprennent que leur enfant est homosexuel. Bien souvent, cette homosexualité entre en conflit avec les croyances des parents qui portent des préjugés négatifs envers les autres orientations sexuelles. Pourtant, l'amour parental est généralement plus fort que ces croyances et, après une période d'acclimatation à la nouvelle, c'est l'amour des parents pour leur enfant qui va primer sur son orientation sexuelle. Bien sûr, il y a des cas où la relation parent-enfant sera irréconciliable. À ce moment, il s'agit d'une belle opportunité pour l'enfant de réviser ses croyances à propos de l'authenticité de l'Amour que ses parents portent envers lui. J'adore l'auteure Alice Miller qui dit à ce sujet qu'il peut s'avérer très pénible, mais très libérateur, de réviser notre opinion à propos de l'Amour ou du manque d'Amour que nos parents ont démontré pendant notre enfance. En révisant nos croyances erronées, et en évaluant la situation plus objectivement avec nos yeux d'adulte, on peut recadrer la relation avec nos parents pour ce qu'elle est véritablement. Par exemple, j'ai beaucoup souffert du manque affectif dans ma jeunesse et, lorsque j'ai arrêté de me mentir en me disant que j'avais reçu l'affection dont j'avais besoin, j'ai enfin pris conscience du vide en moi. J'ai alors pu commencer à poser des actions concrètes pour le combler. Au moment de la découverte de ce vide affectif, j'ai ressenti de la colère envers eux pendant quelques années, parce qu'ils ne m'avaient pas fourni ce dont j'avais eu besoin. Tout ça a par contre changé, lorsque j'ai réalisé qu'ils ne pouvaient pas m'avoir fourni ce dont ils n'avaient pas conscience d'avoir eux-mêmes manqué, et c'est alors la compassion qui a remplacé la colère et qui a rajusté notre relation.

Quoi faire si quelqu'un nous rejette?

Bien que cette avenue ne soit pas souhaitable, il est bien de se préparer à l'éventualité que la nouvelle ne sera pas bien acceptée. J'ai personnellement perdu un seul ami en faisant mon coming out. En fait, je ne suis pas à 100% certain que c'est à cause de mon orientation sexuelle qu'on s'est éloigné, mais je crois que oui. Il n'y a pas eu de réaction importante ou de rupture brusque mais, sur une période de un à deux ans, on s'est vu de moins en moins souvent, jusqu'à ne plus s'appeler. Étrangement, je crois que cet ami s'est éloigné de moi parce qu'il est lui-même homosexuel. En s'associant à moi et en étant vu avec moi, ça le confrontait davantage au fait qu'il pouvait être homosexuel également, alors il a perdu intérêt en notre amitié. C'est un peu comme moi qui ai fait de l'homophobie pour m'assurer de ne pas avoir l'air homosexuel lorsque j'étais au secondaire. C'est triste mais, bien souvent, on rejette ceux qui nous confrontent aux parties intérieures de nous-mêmes qu'on n'accepte pas.

Dans le cas où on fait face au rejet, le mieux à faire est de comprendre et d'accepter la réaction de l'autre. Il est fort probable que ce rejet soit temporaire et qu'il s'agisse en fait d'une période d'adaptation. Il est important de se rappeler qu'il est absolument impossible de forcer quelqu'un à changer ses croyances contre son gré. C'est bien d'ailleurs la liberté la plus ultime que les humains peuvent conserver. Même l'incarcération ne permet pas d'empêcher quelqu'un de penser ce qu'il veut. Non, les croyances et les pensées se changent uniquement de plein gré, et personne n'aime sentir qu'il est forcé d'effectuer des changements contre sa volonté. Même si c'est difficile, il est mieux d'accepter la réaction des autres et, si on veut permettre à la relation d'évoluer, de tenter de voir les choses du point de vue de l'autre personne.

J'ai déjà eu une collègue qui était très orthodoxe dans sa pratique de la religion et affirmait que les gais allaient brûler en enfer.

Plutôt que de la confronter comme mes collègues le faisaient, je me suis intéressé au *pourquoi* de son affirmation. J'allais alors vers elle avec un esprit ouvert, en tentant de comprendre d'où venait son opinion, plutôt qu'un esprit fermé, en tentant de la convaincre de l'opinion inverse. Sa tentative de m'expliquer le fondement de ses croyances était bien pauvre en arguments et elle s'est donc discréditée elle-même aux yeux de tous. Au final, son opinion n'a peut-être pas changé, mais grâce à mon approche douce, je n'ai au moins pas raffermi sa croyance en érigeant une barrière supplémentaire entre elle et mes collègues et j'ai diminué l'intérêt de mes collègues à s'acharner à la faire changer d'avis.

Il faut aussi laisser un certain temps aux gens pour s'acclimater au changement. Lorsque j'ai dit à mes parents que je suis gai, dans la même lettre où je leur disais que je pensais au suicide, mes parents ont pris le suicide au sérieux, mais pas l'homosexualité. Pendant plusieurs mois, ils ont pensé et espéré qu'il ne s'agissait que d'une phase. Pour eux, j'avais quinze ans, je ne savais pas encore ce que je voulais et ils croyaient que je me cherchais. Je ne me souviens plus exactement comment je percevais leur réaction à l'époque mais, aujourd'hui, je comprends beaucoup mieux. J'avais mis plusieurs années dans mes réflexions et dans ma détermination à savoir si j'étais gai. Conséquemment, je devais aussi leur laisser le temps de faire leurs propres réflexions et de digérer la nouvelle. C'est un phénomène que j'ai souvent remarqué lors des coming outs : la personne qui fait son coming out a rassemblé tout son courage et est finalement prête à vivre son orientation sexuelle ouvertement et, à ce moment, on souhaite que les autres soient déjà au même niveau d'acceptation que nous le sommes lors de notre annonce. Par contre, notre coming out marque la fin de nos tergiversations, mais le début de celles à qui on partage la nouvelle. Il faut donc leur laisser le temps dont ils ont besoin pour s'acclimater au changement.

J'ai déjà mentionné que mon acceptation est passée par un détachement de l'image préconçue que j'avais des homosexuels et par la création que ma propre image. Pour mes parents, la situation a été similaire. Tout ce qu'ils connaissaient de l'homosexualité, c'est une vie remplie de défis et d'obstacles à surmonter. De plus, comme je leur ai annoncé dans un contexte où je percevais ma vie comme étant très difficile, la première image qu'ils ont eue est que ma vie serait difficile également. Par contre, au fur et à mesure qu'ils constataient que j'étais heureux, c'est devenu plus facile pour eux d'accepter mon orientation sexuelle. Dans le fond, ce qu'ils voulaient le plus, c'est de savoir que leur fils est heureux.

L'internalisation de l'homophobie

Lorsque j'ai rencontré Bob Proctor, un des auteurs du fameux livre « Le Secret », il m'a dit que les gais avaient souvent tendance à s'embouteiller eux-mêmes. Je trouve que l'expression est vraiment très appropriée pour ce qui m'est arrivé. Je me souviens très bien d'un moment en secondaire un, à treize ans, où j'ai entendu un commentaire qui ne m'était même pas adressé par une fille qui disait que les gars qui se croisent les jambes en s'assoyant sont féminins. J'ai rapidement banni ce comportement auquel je ne portais pas attention auparavant. À l'époque, et pendant plusieurs années qui ont suivi, ma priorité numéro un était l'acceptation par les autres, et ça voulait dire de tout faire pour avoir l'air masculin et hétérosexuel. J'ai donc, au fil des années, appris à retenir mon élan et à ne pas exprimer complètement qui je suis. Malheureusement, à mon insu, j'ai aussi retenu l'expression de plusieurs autres facettes de ma personnalité et, sans m'en rendre compte, je me suis en quelque sorte embouteillé. J'ai d'ailleurs cru pendant plusieurs années que la plupart des gars timides étaient gais. Maintenant, je comprends pourquoi j'avais cette croyance : je m'étais renfermé sur moi-même et j'avais mis la faute de ma timidité sur mon homosexualité. Depuis les dernières années donc, je travaille à sortir les parties de moi-même que j'ai enfouies et retenues depuis trop longtemps. Petit à petit, je travaille à reprendre confiance en moi.

Sans grand étonnement, mon embouteillement correspond à la période difficile que j'ai vécue entre cinq et quinze ans, moment où je me faisais constamment intimider à l'école. Pas parce que j'étais gai, ni parce que j'avais l'air gai, mais simplement parce que j'étais gêné et j'étais un candidat idéal pour la moquerie, puisque je ne répliquais jamais. En fait, pendant plus de vingt-cinq ans, j'ai cru que j'étais isolé *parce que* j'étais gai. Aujourd'hui, je réalise que c'est la raison que je me suis donnée et à laquelle j'ai cru. L'intimidation que j'ai subie portait sur toutes sortes de choses, rarement fondées, et je ne savais pas me défendre ou répliquer alors j'encaissais tous les coups et les emmagasinais à l'intérieur de moi. À force de tout garder à l'intérieur de moi, j'ai commencé à internaliser même les remarques qui ne m'étaient pas adressées! Par exemple, si j'entendais une conversation à côté de moi avec des insultes homophobes, je me disais à moi-même : « Oh mon Dieu, c'est tellement mal que je sois gai! Je ne pourrai jamais l'annoncer à qui que soit! » À chaque commentaire qui ne m'était pas destiné, mais qui atteignait mes oreilles, je me tapais moi-même dessus. L'effet extrêmement pernicieux de cette homophobie internalisée, est qu'il n'y a plus de limites aux insultes! Quand elle vient de l'extérieur, on les entend une seule fois chacune, mais quand elles viennent de soi-même, on se répète les insultes encore et encore, on les amplifie, jusqu'à ce qu'elles prennent des proportions démesurées.

Pour alléger toute cette souffrance, j'ai tenté de rationaliser la chose et je me suis demandé ce qui motivait certains à en intimider d'autres. En fait, j'en suis venu à la conclusion que la raison pour laquelle on intimide ou on se laisse intimider est la même : l'intimidation est le symptôme causé par les blessures non résolues de notre enfance. Intimider donne la fausse impression qu'on est plus fort que l'autre et on se réconforte inconsciemment en camouflant notre faiblesse par l'attaque. En revanche, on se laisse intimider pour manifester à l'extérieur de nous la souffrance qu'on ressent à l'intérieur. Dans les deux cas, il s'agit souvent de blessures inconscientes dont on ne connaît même pas l'existence et dont on ne peut pas reconnaître l'existence puisqu'il serait trop douloureux de le faire. Il s'agit en fait d'un « splendide » mécanisme de défense qui nous fait vivre la moins pire des deux souffrances. (Pour le mental, la souffrance d'être intimidé est moins forte que celle de se reconnecter à notre blessure du passé.) À long terme par contre, on a tout avantage à conscientiser nos blessures, à laisser remonter les émotions qui y sont rattachées et à expulser ces blessures hors de nous définitivement. C'est d'ailleurs lorsqu'on parvient à extérioriser ce qui nous ronge à l'intérieur que l'intimidation cesse.

À chaque fois que j'ai fait mon coming out à une personne supplémentaire, j'améliorais mon dialogue interne. Je me maltraitais moins moi-même et j'affirmais une partie de moi au monde à l'extérieur de moi. C'est là que la citation avec laquelle débute ce livre prend tout son sens : « Ce qui est en toi et exprimé te rendra libre; ce qui est en toi et non exprimé te consumera de l'intérieur. » Je réalise maintenant que c'est de sortir de l'isolement qui m'a le plus aidé dans mon coming out. Le plus difficile, c'est de trouver quelqu'un à qui se confier, d'avoir la certitude qu'on ne sera pas jugé et l'assurance que la réaction sera positive. Comme je l'ai dit plus tôt, la participation à un groupe de discussion m'a fait énormément de bien. J'ai donc décidé de reproduire ce groupe de façon virtuelle, en organisant des Google Hangouts. Vous pouvez trouver l'information de ces rencontres en me contactant sur cette page :

facebook.com/martinpelletierformations

Trouver le courage

Le courage n'est pas l'absence de peur :
le courage c'est d'avoir peur et agir quand même.
--- Mark Twain

Lorsque j'ai entendu cette citation pour la première fois, j'ai eu un énorme soupir de soulagement et je me suis immédiatement senti rassuré. Pendant longtemps, j'essayais tellement fort de ne pas avoir peur : peur du regard des autres quand je marche main dans la main avec mon copain, peur de ne pas obtenir un emploi si je dis que je suis gai à l'entrevue, peur de créer un malaise en racontant mon dernier rendez-vous galant à mes amis hétérosexuels. Par contre, en entendant cette citation, j'arrêtais d'essayer de ne plus avoir peur et mon défi devenait tout autre. Il s'agissait dorénavant de réduire l'importance que j'accorde à la voix intérieure qui exprime cette peur et à me concentrer sur l'objectif qui se trouve au-delà de cette peur.

Par exemple, lorsque j'ai emménagé à Bruxelles, je commençais en même temps une nouvelle relation amoureuse. Mon copain et moi adorions prendre des marches et se tenir par la main était tout naturel pour nous. Les premières fois où nous l'avons fait, je ne savais pas où regarder! Devais-je regarder les gens dans les yeux et démontrer une fausse bravoure? Devais-je au contraire éviter les regards et prétendre de ne pas me préoccuper de l'opinion des autres? Après quelques sorties, j'ai enfin pu retrouver mon calme, en me concentrant sur ce que j'avais envie de faire, plutôt que sur ce que j'avais envie de montrer : c'est-à-dire de sentir la présence de mon copain en le tenant par la main. Je déteste les gens qui prennent plaisir à choquer les autres pour le simple désir de provoquer. Par contre, je ne vois pas de problème à choquer les autres si c'est le résultat d'une démonstration amoureuse. La clé réside donc dans l'*intention* de l'action plutôt que dans l'action elle-même. Si se promener main dans la main est l'expression de notre Amour, pour moi, ça va. Si se promener main dans la main a pour but de provoquer, je ne suis pas d'accord.

L'exemple que je viens de nommer illustre bien mon meilleur conseil pour vaincre la peur, c'est-à-dire l'action. Au fur et à mesure qu'on agit en dépit de la peur, son influence s'amenuise. D'ailleurs, il est beaucoup plus important de surmonter de petites peurs de façon régulière, que de surmonter une grande peur une seule fois par année. Le courage, ça s'entraine comme le corps pour l'exercice physique. Par exemple, si notre objectif final est d'annoncer à nos parents qu'on est gai, et qu'on se donne six mois pour le faire, on peut s'entrainer à chaque jour en se donnant des défis quotidiens. Le premier mois, l'objectif pourrait être d'entamer une courte conversation avec un étranger, si ça représente un défi pour vous. Le deuxième mois, on se donne comme défi quotidien de faire changer sa commande au restaurant ou dans un commerce. De cette façon, on se pratique à « déranger » les autres en sachant ce qu'on veut et en l'exigeant. Le troisième mois, on se pratique à enrayer la peur du ridicule. On peut par exemple marcher à reculons sur la rue, pour apprendre à ne pas se préoccuper de l'opinion des autres. Bref, les défis n'ont pas besoin d'être très extravagants, mais l'important est de se pratiquer *régulièrement* à faire face au risque et à l'inconnu. Le « risque » dans cette aventure, est d'avoir l'air ridicule. C'est très lié avec le coming out, où on place généralement une importance démesurée dans l'opinion des autres. La réalité est que les gens se préoccupent beaucoup moins des apparences ou de ce qu'on est par rapport à ce qu'on s'imagine. En fait, si on savait véritablement à quel point les gens se préoccupent peu de ce qu'on a l'air ou de ce qu'on est, on vivrait notre vie avec beaucoup plus de liberté.

Les méthodes pour le dire

Comme je l'ai déjà mentionné, j'ai dit à mes parents que je suis gai par le biais d'une lettre. Par contre, l'enjeu majeur pour mes parents à ce moment n'était pas l'homosexualité, c'était mes pensées suicidaires! Avec le recul, je réalise que de parler de suicide à mes parents a sans doute atténué la nouvelle de mon orientation sexuelle. Cependant, ce n'est pas du tout un conseil que je recommande! Du moins, pas si vous n'avez pas de pensées suicidaires! Le plus important, c'est d'être totalement honnête. Je crois cependant qu'annoncer son orientation sexuelle par une lettre est une excellente méthode : ça permet de clarifier son discours et de prendre le temps de trouver les bons mots. Je connais plusieurs gais et lesbiennes qui ont « balancé » la nouvelle sans préparation et, souvent, ça a créé plus de malaise qu'autre chose. Ça ne veut pas dire qu'il ne faut pas adopter cette technique parce que, selon moi, le plus important, c'est de le dire. Parfois, on rassemble son courage seulement dans une situation impromptue et c'est à ce moment que ça sort. Il n'y a aucun mal à ça! Mais, quand on peut faire les choses en douceur et de façon bien préparée, pourquoi ne pas le faire?

Si vous choisissez l'option de la lettre, c'est important de parler en « je » et de parler de nos émotions propres. Lorsqu'on parle de soi, personne ne peut nous contredire, alors que lorsqu'on parle des autres, on peut facilement tomber dans les accusations ou créer des tensions, même involontairement. Par exemple, il serait mieux de dire dans cette lettre que : « Je souffre beaucoup de me sentir rejeté. » plutôt que de dire : « J'ai besoin que tu m'acceptes comme je suis. » qui est plus directif. On ne peut pas forcer les autres à nous accepter et c'est à eux de faire ce travail de leur propre chef, s'ils le désirent. Une fois la lettre envoyée ou remise en mains propres, c'est important de rester disponible pour en discuter. Il ne faut pas que la lettre soit un moyen d'éviter de faire face à la réaction de l'autre : c'est seulement un outil pour s'assurer de trouver les bons mots.

Je ne connais pas personnellement de gens qui ont fait leur coming out dans les médias sociaux. Cependant, si on fait une recherche rapide sur YouTube, on peut trouver des vidéos qui montrent les réactions de coming out (vrais ou mis en scène?) sur Facebook ou Twitter. Personnellement, je crois que cette méthode est à proscrire puisqu'il manque le contact personnel et, quand on sait qu'environ seulement 7% de la communication est verbale, il devient très difficile d'interpréter les différentes réponses qu'on reçoit. Peut-être que l'annonce en personne peut représenter un plus grand défi pour certains mais, au moins, on s'assure d'avoir entièrement l'attention de la personne à qui on le dit, on peut prendre le temps d'en parler et on peut ressentir les émotions de la personne qui nous écoute. Il y a aussi le danger que la nouvelle se répande plus vite qu'on ne le souhaite avec les médias sociaux. Comme je l'ai déjà mentionné, j'ai annoncé que je suis gai à mes parents, tout d'abord, puis à un ami, et à un autre, en bâtissant progressivement ma confiance personnelle. En l'annonçant à beaucoup de gens à la fois, la nouvelle peut être bien reçue, mais si elle ne l'est pas, la détresse peut être encore plus grande.

Le bon moment pour le dire

J'ai souvent entendu dire qu'il n'y a pas de bon moment pour dire qu'on est gai à sa famille et ses amis. Je ne suis pas d'accord. Lorsque notre coming out est planifié, annoncé au moment opportun et fait par écrit, on a de meilleures chances que la réception de la nouvelle soit bonne. C'est certain que la priorité numéro un demeure de partager la nouvelle. Par exemple, dans mon cas, il n'aurait pas été sage d'attendre de trouver un bon moment pour donner ma lettre à mes parents, alors que mes pensées suicidaires me rongeaient de l'intérieur. La priorité, c'était de sortir ce secret de moi-même. Mais, dans les cas où la situation n'est pas aussi critique, on peut choisir un moment opportun où la situation est calme et où l'on sait qu'on aura le temps d'en discuter.

J'ai par contre quelques amis pour qui c'est justement de ne pas pouvoir en discuter qui les a aidé à l'annoncer. Par exemple, j'ai un ami qui a laissé une lettre à ses parents alors qu'il partait en voyage pour deux semaines. Ses parents ont alors pensé qu'il faisait une fugue et qu'il n'allait pas revenir. Je comprends que ça peut être une façon plus facile, moins confrontant, de « s'évader » de la discussion qu'on appréhende. Toutefois, si on peut éviter de procéder de la sorte, c'est mieux. Encore une fois par contre, la priorité, c'est de le dire, alors il faut faire ce qu'on croit être le mieux et ce qui nous permet de sortir la nouvelle de soi.

J'ai également connu des gens qui sont allés à l'inverse de l'évitement et ont opté pour la confrontation. C'est une situation qui peut arriver lorsqu'on s'y prend à plusieurs reprises, mais que le courage nous manque à la dernière minute. On assiste donc à une accumulation de la pression et, une bonne fois, c'est sous l'impulsion du moment qu'on va balancer la nouvelle à notre énième tentative. Encore une fois, la priorité est de le dire. Mais, si on peut planifier l'évènement et le faire plus en douceur, l'acceptation de ceux à qui on l'annonce risque d'être beaucoup plus facile et rapide. À ce propos, je nomme plusieurs situations différentes et je parle de la « meilleure » façon, mais ça demeure toujours mon opinion personnelle. Comme je l'ai dit au début de ce livre, il n'existe pas une seule et unique « bonne » façon de faire son coming out. Chaque situation de vie présente des caractéristiques uniques qui empêche d'adopter une « recette miracle » qui s'applique à tous les cas.

J'ai déjà parlé des premières personnes à qui ont choisi de le dire. Évidemment, on opte pour les personnes avec qui ont sait que la nouvelle va passer le mieux en premier. De cette façon, on se crée des alliés et on construit notre confiance personnelle pour trouver le courage de l'annoncer aux personnes avec qui on sait que ça va être plus difficile. Il y a certaines personnes, dont notre famille, à qui s'est inévitable de l'annoncer. On peut choisir à quels amis on en parle, mais on ne choisit pas sa famille. Encore une fois, l'important est d'y aller en douceur. Si on prévoit que la nouvelle va mal passer, il peut être tentant de se préparer à attaquer ou à répliquer en planifiant notre annonce. Il faut donc bien se préparer, tout en visualisant que les choses vont bien se passer. Je connais de nombreuses personnes qui ont été très surprises par la réaction de leurs parents, en passant de l'indifférence la plus totale à la confidence qu'ils ont eux-mêmes des doutes sur leur propre orientation sexuelle! Je peux aussi affirmer par expérience que, pour la majorité des gens, la réaction des parents a été bien moins dramatique que celle à laquelle on s'attendait.

Mon meilleur outil pour un coming out réussi

Lorsque je repense à toutes les étapes de mon coming out, je conclus que mon meilleur outil a été d'en parler aux autres. En fait, ça peut sembler paradoxal mais, ce qui m'a le plus aidé à faire mon coming out, c'est de... faire mon coming out! J'ai déjà mentionné que mon meilleur outil pour vaincre la peur est l'action. L'important donc, pour devenir de plus en plus à l'aise avec soi, c'est de se confier. Au début, bien évidemment, on se confie à quelqu'un avec qui on est certain que la réaction sera positive. Progressivement, on se crée des alliés, on construit notre assurance, ce qui nous permet ensuite d'annoncer notre orientation sexuelle à des gens avec qui on croit que ce sera plus difficile. En procédant ainsi par étapes, on gagne progressivement confiance en soi, ce qui nous permet d'affronter l'étape suivante qu'on perçoit comme plus difficile.

Comme je l'ai déjà mentionné, les premières personnes à qui je l'ai dit sont mes parents. Si je compare avec mes amis gais, c'est très peu conventionnel. La plupart des gens commencent par le dire à un autre gai de leur entourage ou à leur meilleur(e) ami(e). Plus on en parle, plus on sort de l'isolement et plus notre confiance augmente. Je me souviens tellement bien de la fois où j'ai fait mon coming out à vingt personnes en même temps, alors que j'avais dix-sept ans! C'était énorme pour moi à cette époque. J'ai dit au groupe que j'avais quelque chose d'important à leur confier et le silence qui a suivi m'a paru durer une éternité. Après avoir finalement réussi à leur dire que je suis gai, j'ai éclaté en sanglots. Pourtant, c'était un groupe dans lequel je me sentais en sécurité, mais c'était mes premières expériences de coming out. L'enjeu était donc encore très gros pour moi à ce moment. Quinze ans plus tard, en 2014, à l'âge de trente-deux ans, j'ai été choisi pour un exercice de visualisation où la conférencière me questionnait sur mon futur devant une foule de cinq cents personnes et j'ai dit tout banalement que je visualisais mon futur avec un copain dans un couple qui baignait dans l'Amour. Ce n'est qu'après être redescendu de la scène que j'ai réalisé que j'avais en quelque sorte fait mon coming out à cinq cents personnes en même temps! Personne n'est revenu me voir plus tard pour m'en parler, mais je suis certain que j'ai été admiré par certains et que j'en ai choqué quelques autres. Je suis par contre très fier d'être parvenu à un tel niveau d'acceptation en quelques années et ça me fascine de constater la différence énorme entre le moment où j'étais au plus creux de ma situation et maintenant, où je me sens tellement bien dans ma peau.

Au travail, mon acceptation est également complètement réalisée, et je dis que je suis homosexuel à la première occasion qui se présente. C'est-à-dire que je ne provoque pas d'occasion, mais dès qu'on me demande si j'ai une copine, je réponds que non, je réponds que j'ai un copain. Dans les périodes où je n'en ai pas, je réponds que je n'en aurai jamais, parce que ce sont les gars qui m'intéressent. En ne laissant pas place à l'incertitude ou au flou, je me respecte beaucoup plus moi-même et les autres me respectent autant en retour. Au cours de mes emplois précédents, j'ai beaucoup aidé d'autres gars à faire leur coming out en étant tout simplement moi-même et bien dans ma peau. Comme j'étais à l'aise de dire que j'avais un copain lorsque le sujet des relations amoureuses était abordé, j'ai permis à mes collègues homosexuels de trouver le courage d'être à l'aise également. Je suis d'avis qu'absolument tout se sent : quand quelqu'un ment, ou qu'il ou qu'elle cache la vérité, on le sent. Bien souvent, on ne s'arrête pas à ce qu'on ressent et on se fie aux mots plutôt qu'à notre ressenti, mais tous les humains sentent la différence quand on leur dit la vérité ou on leur ment, du moins inconsciemment. Le plus important dans toute cette histoire est par contre soi-même : être honnête avec soi est le meilleur service qu'on peut se rendre pour améliorer notre bien-être et notre estime personnelle. En augmentant notre estime, on sort de la mentalité de victime et on élimine le manque de respect avant même qu'il ne se manifeste!

Pendant les entrevues d'emploi, de futurs employeurs m'ont parfois posé des questions sur ma situation familiale. Bien que je croie que ces questions soient officiellement interdites lors d'entrevues, refuser d'y répondre est la meilleure chose à faire pour se disqualifier pour l'emploi. Par le passé, j'ai donc adopté la carte de la franchise tout en demeurant concis, c'est-à-dire que je ne mentais pas, mais j'ai parfois utilisé des expressions qui ne permettaient pas de déterminer le sexe de mon conjoint. Dans mes conférences, on m'a déjà demandé s'il m'était arrivé de ne pas obtenir un emploi parce que j'avais dit que je suis gai en entrevue. Bien qu'il me soit impossible de le vérifier, je crois que la réponse est non. Et puis, ce que je réponds également à cette question est que, si un futur employeur ne m'a pas choisi parce que je suis gai, je préfère qu'il en soit ainsi parce que je n'aurais pas été heureux d'obtenir le job tout en ayant un patron homophobe. Il y a même un cas où être gai a joué en ma faveur! Il s'agissait d'un emploi dans une agence de publicité spécialisée dans les sites web érotiques. Cette compagnie désirait développer son expertise dans les sites érotiques gais, mais aucun des employés hétérosexuels ne souhaitaient passer du temps sur ces sites. Moi non plus d'ailleurs, et je n'ai donc pas accepté l'emploi, parce que je ne voyais pas passer mes journées entières sur des sites érotiques! (L'annonce d'emploi ne spécifiait pas le domaine d'activité de l'agence!) Tout de même, je crois que la franchise est la meilleure option en toutes circonstances et qu'à long terme, c'est toujours payant!

Se préparer à répondre

Afin de maximiser ses chances de succès dans son coming out, il est utile de se préparer aux questions auxquelles on peut avoir à répondre. Voici donc une liste des questions les plus fréquemment posées lorsqu'on aborde le sujet de son orientation sexuelle.

> **Est-ce que tu l'as toujours su?**

Je connais des homosexuels qui l'ont su dès l'âge de cinq ans. Personnellement, j'ai eu mes premiers doutes vers l'âge de douze ans, qui se sont progressivement transformés en une réponse claire vers l'âge de quinze ans. Je connais également d'autres homosexuels pour qui la réponse est arrivée beaucoup plus tard. Il y a aussi une différence entre l'âge où on le sait et l'âge où on est à l'aise d'en parler. Dépendamment de l'âge auquel on fait son coming out, il faut expliquer aux gens que de déclarer qu'on est homosexuel est un défi de taille qui peut nous exposer au rejet. Il faut donc être bien certain de ce qu'on affirme et découvrir qu'on est homosexuel ne se fait pas du jour au lendemain. Il s'agit d'un processus qui prend du temps et il faut être prêt à assumer toutes les réactions possibles avant de l'annoncer.

> **Tu ne peux pas savoir que tu es gai si tu n'as pas essayé avec une femme.**

Habituellement, simplement répondre à notre interlocuteur (masculin) qu'il n'a pas eu besoin d'essayer avec un homme pour savoir qu'il n'est pas homosexuel, lui permet de réaliser l'illogisme de cette affirmation. Comme l'hétérosexualité est plus commune dans la société que l'homosexualité, plusieurs supposent que tous devraient correspondre ou, du moins, essayer de correspondre à l'orientation sexuelle majoritaire.

> **Pourquoi tu ne me l'as pas dit avant?**

Une réaction qui m'a toujours surprise chez mes amis est celle du reproche de ne pas leur avoir dit plus tôt. Ces amis se savaient ouverts d'esprit et ils voient les mois et les années qu'on a pris pour leur annoncer comme un manque de confiance envers eux. Ce n'est évidemment pas du tout le cas, mais j'ai eu bien de la difficulté à le leur faire comprendre. En fait, je réalise maintenant que j'avais besoin d'être solide en moi-même avant de pouvoir l'annoncer aux autres. Avec les années, je crois que mes amis ont compris pourquoi j'avais eu besoin d'un certain temps avant d'en parler. Mais, tout de même, de toutes les réactions auxquelles j'aurais pu m'attendre, c'est celle du reproche qui m'a surpris le plus!

> ### Tu ne penses pas que c'est temporaire? Es-tu bien certain de ce que tu affirmes?

C'est souvent une réaction de déni caché sous forme de question. Par exemple, mes parents ont cru qu'il s'agissait d'un questionnement temporaire qui allait passer. Il faut alors se rappeler qu'on a mis plusieurs mois et souvent années dans notre réflexion et les personnes à qui on l'annonce ont donc également besoin de temps pour s'acclimater à la nouvelle, même si on aimerait que tout le monde l'accepte au même moment qu'on est prêt à l'accepter soi-même.

> ### Les questions sur la sexualité

La meilleure réaction que j'ai eue en faisant mon coming out est celle d'un ami qui s'est mis à me poser plein de questions personnelles, notamment sur ma sexualité. Je pense que ce type de réaction est assez rare, mais je cite quand même cet exemple pour rappeler qu'il est important de se respecter. Je n'étais pas à l'aise de répondre à ses questions, alors je lui ai tout simplement dit. Peu importe les questions auxquelles vous serez confrontés en faisant votre coming out, c'est important de connaître ses limites et c'est tout à fait justifié de répondre seulement dans les limites de notre zone de confort. C'est la même règle que je me donne dans mes conférences : je permets aux jeunes de poser n'importe quelle question, pour qu'ils soient totalement à l'aise de me questionner, mais je me permets également de ne pas répondre si je ne suis pas confortable de le faire.

Mon second meilleur outil

Après la communication, mon second meilleur outil est la méditation. Comme je ne connaissais pas son existence durant mon adolescence, je n'ai pas personnellement médité pour faciliter mon coming out. En fait, j'ai commencé à pratiquer la méditation seulement douze ans plus tard, mais les effets bénéfiques qu'elle apporte dans ma vie sont tellement immenses, qu'il est clair pour moi que débuter plus tôt aurait grandement facilité mon coming out. La méditation a pour effet de briser ce cycle perpétuel de pensées qui amplifient les situations plus que nécessaire. C'est en fait une activité bien simple qui peut s'effectuer à n'importe quel moment de la journée, dès qu'on a quelques minutes de libres. Bien souvent, ma pratique se résume à m'assoir sur une chaise de cinq à quinze minutes et d'écouter un mp3 de méditation guidée ou de tout simplement rester en silence.

Les mérites de la méditation sont généralement bien connus, mais cet outil a transformé ma vie de façon si intense que je me dois de les énumérer. Depuis que je médite, je réalise à quel point je demeure calme, même dans les situations autrefois stressantes. Je ne me préoccupe plus autant de ce que les autres pensent, alors qu'avant, j'étais très sensible aux commentaires que les autres passaient à propos de mes paroles, mes agissements, mes vêtements, ou n'importe quoi d'autre. Mes préjugés ont diminué, incluant les préjugés que j'avais envers les homosexuels et les gars efféminés. Je suis maintenant intéressé par les gars avec qui j'ai une connexion spirituelle forte, connectée sur le cœur, plutôt que d'être intéressé par des critères rationnels, comme le niveau d'éducation et les habitudes de vie, comme c'était le cas auparavant. Je suis beaucoup plus à l'écoute de mon cœur maintenant et je suis moins empêtré dans les dédalles de mon raisonnement logique. Ce sont donc toutes les sphères de ma vie que j'ai améliorées avec la méditation, et pas seulement l'acceptation de mon orientation sexuelle. Je sais dorénavant mieux ce qui me passionne et vers où diriger ma carrière, je m'endors plus facilement, je dors mieux, je profite plus de la vie et du moment présent. La méditation m'a également permis de sortir de ma coquille, d'augmenter mon authenticité et de m'orienter davantage sur qui je suis véritablement.

La méditation m'a même été utile pour la rédaction de ce livre! Pendant sa rédaction, il m'est passé toutes sortes de pensées par la tête à propos de l'échec potentiel que ce livre pouvait rencontrer. Pourtant, j'ai persévéré, je me suis motivé moi-même et je suis allé chercher le support dont j'avais besoin chez des gens autour de moi. La méditation m'a également permis de clarifier mes idées, de structurer ma pensée et de rééquilibrer ma vie, afin de m'assurer de mettre la priorité sur la réalisation des choses qui comptent vraiment pour moi.

Bref, je pourrais continuer d'énumérer les arguments encore longtemps, mais je crois que ce n'est pas nécessaire. Le problème, c'est plutôt de rendre la méditation intéressante, accessible et facilement incorporable à son quotidien. Parce que la méditation, c'est un peu comme l'exercice physique : il faut en faire régulièrement et pendant toute une vie pour rester en santé! Ce n'est pas une solution miracle qui règle tout d'un seul coup : c'est plutôt un mode de vie. On prend sa douche tous les jours pour se sentir bien dans sa peau : je médite tous les jours pour la même raison. J'ai commencé la méditation en 2010, alors que j'étais au plus creux de ma dépendance affective. (J'en parlerai plus loin) Bien souvent, malheureusement, il faut avoir atteint le fond du baril pour lâcher prise et s'ouvrir aux solutions alternatives. Tant qu'on n'a pas atteint ce stade critique, on résiste au changement et on préserve le statu quo, si cher à notre esprit rationnel.

Avant de mettre les efforts nécessaires pour changer une situation, il faut tout d'abord croire que ces efforts sont moins importants que les inconvénients de rester dans la situation désagréable. En d'autres mots : tant qu'on n'a pas un incitatif suffisamment important pour changer, on ne change généralement pas! C'est exactement comme les gens qui disent vouloir perdre du poids ou arrêter de fumer, mais qui font peu ou pas d'efforts pour y parvenir : l'effort nécessaire pour changer est plus important que l'inconfort de demeurer dans la situation actuelle. J'ai moi-même changé au moment ou cet équilibre s'est renversé : la dépendance affective que je vivais me causait tellement de mal que je *devais* changer. La souffrance que je subissais en demeurant dans cette situation était plus grande que la souffrance d'observer ce qui n'allait pas dans ma vie et prendre action pour l'améliorer. Donc, si on a un incitatif fort et qu'on sait clairement pourquoi on veut changer, c'est plus facile d'instaurer une discipline méditative. Plus notre « pourquoi » est bien définit, plus il sera facile de faire les efforts pour se rendre à notre objectif.

Lorsqu'on commence à méditer, il faut savoir qu'il ne s'agit pas d'obtenir l'absence de pensées dès le début, mais de simplement détacher les pensées les unes des autres. Par exemple, si une pensée me traverse l'esprit, disons : « Je dois acheter du lait. » je ne dois surtout pas l'enchaîner avec : « Quand est-ce que je pourrais aller en chercher? » ou « Je suis stupide d'avoir oublié d'en acheter. ». À la place, il faut reconnaître cette pensée et se dire : « Tiens, je pense à acheter du lait. » et s'arrêter là, en attendant la prochaine pensée, sans les enchaîner. Lorsqu'on parvient à ne plus automatiquement enchaîner les pensées les unes avec les autres, on commence à s'en détacher. L'objectif ultime, en fait, c'est de réaliser que nous ne sommes pas la télévision (nos pensées), mais que nous *regardons* la télévision. Pouvez-vous vous imaginer ce que serait de regarder la télévision si on était persuadé qu'on mettait notre vie en jeu en regardant un film d'action, ou qu'on était impliqué émotionnellement dans chaque drame romantique? On apprécie la télévision parce qu'on sait que l'émission est fictive et qu'elle va se terminer après un certain temps. Eh bien, c'est la même chose avec nos pensées! Lorsqu'on parvient à les observer pour ce qu'elles sont, notre *perception* de la réalité plutôt que la réalité elle-même, et qu'on se détache émotionnellement de ce qui se passe dans notre vie, on commence à apprécier le « film » qui se déroule devant nos yeux. Nous sommes moins impliqués dans les aléas de la vie et on profite mieux de chaque instant. En plus, lorsqu'on réussit à briser un seul enchaînement de pensées, on crée un espace qui permet de commencer à cultiver des pensées positives qui nous fortifient et on délaisse progressivement les pensées pauvres qui nous affaiblissent. Et, plus on s'exerce à briser la chaîne de nos pensées, plus il devient facile de le faire et plus on vit au moment présent, avec détachement et légèreté.

Il faut se donner des objectifs réalistes pendant les premières semaines et premiers mois qu'on médite. Par exemple, on risque d'être frustré si on se fixe comme objectif de faire le vide dès les premières tentatives. En revanche, il faut célébrer chaque victoire, même si ce n'est que d'avoir tenté de se libérer l'esprit pendant cinq minutes sans y être parvenu. Le simple fait de s'être arrêté et d'avoir eu l'intention de méditer doit être reconnu comme un pas en avant. Il faut également savoir que « essayer » de se libérer l'esprit va probablement nous rendre la tâche plus difficile puisqu'essayer est une action, alors que méditer est une absence d'intervention sur nos pensées. De plus, on peut également travailler à raccourcir le moment nécessaire pour prendre conscience de nos pensées, surtout les pensées négatives. Si on se surprend à avoir ruminé des pensées négatives pendant trois jours, on peut se donner comme objectif de raccourcir cette période à deux jours la prochaine fois. Une fois qu'on est capable de se ressaisir en moins d'une journée, on se donne des défis en heures, puis en minutes. L'objectif doit être de toujours raccourcir la période durant laquelle on entretient des pensées négatives. Comme cet exercice ne se réalise pas en quelques jours, et que l'amélioration ne s'effectue pas selon une belle courbe linéaire, il est important d'impliquer les autres dans notre démarche. Je reviens donc à mon premier conseil qui est celui de communiquer. Le groupe de discussion que j'organise a également cet objectif : partager nos victoires, peu importe leurs tailles, et nous encourager mutuellement dans chacune des petites réussites.

Comme je l'ai déjà dit, il est important de savoir que l'objectif principal n'est pas l'absence de pensées. Beaucoup de gens se découragent à faire le vide quand ils constatent que leur période de méditation résulte en une *augmentation* des pensées. C'est un peu comme si on avait érigé un barrage entre notre fort intérieur et le monde extérieur. Quand on s'arrête pour méditer, on retire le barrage et on se sent initialement submergé par le flot de pensées qui étaient auparavant retenues. En fait, il n'y a pas d'augmentation des pensées, mais s'arrêter pour observer notre activité cérébrale donne cette impression, parce qu'on ne s'est tout simplement jamais arrêté auparavant pour en prendre conscience. Beaucoup de gens vivent dans un tourbillon d'activités et de stimulants comme les téléphones intelligents, la télévision, le travail, le trafic, la publicité, les rendez-vous et, lorsqu'on prend une pause et que tout s'arrête subitement, on sent un vide. La tentation est donc forte de combler ce vide et d'éviter l'inconfort en reprenant nos activités. Par contre, ceux et celles qui sauront aller au-delà de l'inconfort initial, en sachant qu'un meilleur bien-être se trouve au-delà de cet inconfort, auront les bénéfices qui viennent avec le travail sur eux-mêmes.

Un autre exercice qu'on peut faire pour prendre conscience de nos pensées qui s'enchainent, est de noter une pensée de départ et de mettre une alarme une, deux ou cinq minutes plus tard. Une fois le temps écoulé, on note la pensée qui est à notre esprit et on refait le trajet des pensées, à l'envers, de la dernière à la première pensée. À chaque fois que je fais cet exercice, je suis fasciné par les enchainement abracadabrants que notre cerveau peut faire. En s'arrêtant consciemment pour noter ces pensées et observer leur enchainement, on s'en détache progressivement. Comme pour tout exercice, on devient meilleur avec la pratique et la répétition. Il est donc avantageux de se créer une discipline et de s'attribuer quelques minutes à chaque jour pour accomplir ce court exercice.

Je sais que je peux donner l'impression de m'être éloigné du sujet principal de ce livre en parlant de méditation, mais cet outil a tellement un fort potentiel d'amélioration du bien-être qu'il ne doit pas être négligé. Je vois un lien direct et fort entre, réduire la turbulence mentale et les peurs par la méditation, et l'augmentation de son courage et de sa force de cœur, qui facilitent ensuite le coming out. En incorporant une pratique régulière de la méditation, c'est toutes les sphères de notre vie qu'on améliore, et pas seulement le domaine de l'orientation sexuelle.

Relativiser les choses

Quand on pense à faire son coming out, c'est bien souvent la seule chose qui occupe nos pensées. C'est normal. Mais ça peut facilement devenir une montagne qui n'a pas besoin d'en être une. Parce que, dans le fond, si être gai a marqué une profonde différence en moi, c'est également une simple facette supplémentaire de ma personnalité qui se confond dans toutes les autres caractéristiques qui constituent mon identité. Bien sûr, au moment du coming out, toutes sortes de choses nous passent par l'esprit : Est-ce qu'on va perdre nos amis? Est-ce que notre famille va nous rejeter? Est-ce qu'on va être persécuté? Pourtant, dans la plupart des cas que je connais, le pire drame était dans notre tête et ce qu'on appréhendait ne s'est pas produit.

En fait, je crois que toute situation est *toujours* une question de perspective. Chaque situation pourrait toujours être pire comme elle pourrait toujours être mieux : tout dépend donc de la façon qu'on *choisit* de la percevoir. Personnellement, je choisis toujours la façon positive. Mon copain m'a laissé? Oui, j'ai de la peine et je m'ennuie de lui, mais peut-être que je vais rencontrer quelqu'un qui va me combler davantage et avec qui j'aurai une meilleure complicité! En définitive, on ne peut jamais savoir si une nouvelle est bonne ou mauvaise tant qu'on ne connaît pas la suite des évènements. Ma vie est donc beaucoup plus satisfaisante depuis que je *choisis* de toujours voir le bon côté des choses. Par contre, ça ne veut pas dire qu'il ne faut pas vivre sa peine et passer par-dessus les émotions difficiles. Je m'efforce plutôt de vivre mes émotions comme un enfant les vivrait : avoir de la peine quand c'est le temps et passer à autre chose quand c'est terminé. Je trouve que la majorité des adultes restent trop accrochés à leurs émotions et vivent et revivent plusieurs fois la même souffrance pour un seul évènement. C'est ça qui devient toxique à la longue.

C'est donc important de se souvenir qu'on est beaucoup plus qu'une simple orientation sexuelle. J'ai moi-même eu de la difficulté à décider d'écrire ce livre sur le coming out. Ma difficulté était liée au fait que je ne voulais pas me catégoriser spécifiquement comme étant gai. Je suis beaucoup plus qu'une orientation sexuelle : je suis Martin qui est passionné de voyage, de spiritualité, de plein air, de lecture et beaucoup plus encore! Ça aide à dédramatiser la situation de ne pas oublier les autres facettes qui constituent notre identité, surtout en période de questionnement ou au moment de faire notre coming out.

Être gai en public

Je me souviens encore très bien quand marcher sur la rue en tenant mon copain par la main était un défi. J'appréhendais tellement le regard des gens, j'avais même peur d'être insulté. Pourtant, rien de tout ça ne s'est jamais produit! En fait, je réalise maintenant que 80% de la réaction des gens était « provoquée » par ma propre attitude. En ayant peur du regard des autres, en appréhendant le pire, j'augmentais mon attention vers les gens qui me regardaient un peu plus de travers que les autres. J'accentuais moi-même les pires réactions et j'ignorais les meilleures. Mais, au fur et à mesure que j'ai gagné en confiance, j'ai commencé à moins porter attention aux réactions alentour de moi et j'ai finalement réalisé que les gens s'en foutaient pas mal! Aujourd'hui, je n'y pense presque plus et il y a même occasionnellement des gens qui viennent me voir pour me dire que c'est beau de me voir danser, embrasser mon copain ou le tenir par la main en public! Ma règle c'est : ce que je trouve acceptable pour les couples hétérosexuels en public, je me le permets également. Un bec sur la bouche? Pas de problème! Un french? C'est trop pour moi.

Au départ, je me permettais des gestes d'affection envers mon copain uniquement dans les bars et les villages gais : des environnements que je considérais moins propice au jugement. Mais, même être dans les endroits gais peut demander une adaptation! J'ai déjà parlé de la première fois où je suis entré dans un bar gai et j'ai vu des gars s'embrasser. Je trouvais ça... inconfortable. C'est dû au fait que, pendant les quinze premières années de ma vie, on m'avait appris que les gars, ça ne s'embrasse pas. J'ai dû moi-même modifier mes croyances là-dessus! Tout de même, les premières années, les bars gais étaient pour moi une pure délivrance. J'ai trouvé très libérateur de constater la taille de la communauté homosexuelle et ça m'a permis de me sortir de l'isolement. Je ne me sentais plus unique en mon genre et j'avais des amis avec qui je pouvais discuter librement de n'importe quoi. Je pouvais aussi enfin être moi-même, sans me préoccuper du regard des autres, sans me demander si je dansais de façon trop extravagante, mais surtout, je n'étais plus seul! J'étais enfin sorti de mon isolement.

Au début vingtaine, j'ai bien aimé fréquenter les bars gais, mais je n'aimais pas participer aux autres rassemblements gais. Par exemple, j'ai longtemps pensé que la parade de la fierté gaie était nuisible pour la « cause » gaie puisque les médias montrent les images les plus excentriques et choquantes à la télévision, ce qui contribue à renforcer les préjugés. Je ne m'associais donc pas à ce mouvement et je ne sentais pas le besoin d'y participer. Un jour par contre, un ami m'a expliqué que les femmes avaient dû faire la même chose pour obtenir leur droit de vote : elles ont dû sortir dans les rues et manifester pour obtenir les mêmes droits que les hommes et ce n'est pas en vivant calmement leurs vies à la maison que les choses auraient changé! Ça m'a donc réconcilié avec l'idée de faire certaines vagues pour ensuite obtenir un équilibre entre les différences et une meilleure acceptation en société.

Un autre argument qui a changé mon opinion de la parade gaie de Montréal est son origine historique. Un peu avant les jeux olympiques de 1976, le maire souhaitait expulser les homosexuels de la ville et a donc organisé des descentes policières dans les bars gais. Les gens qui s'y trouvaient ont été photographiés et leurs photos ont été publiées dans les journaux de la ville. Comme l'homosexualité était beaucoup moins acceptée à l'époque, beaucoup de ces hommes vivaient des doubles vies et avaient des femmes et des enfants. Les actions entreprises contre les homosexuels ont provoqué de grandes détresses dans les familles visées et ce sont les plus excentriques, comme les drag queens, qui sont descendus dans les rues et ont organisé la première manifestation pour signifier aux autorités que les homosexuels avaient leur place dans la ville.

Par contre, plutôt que de participer aux parades, j'ai décidé de faire ma part en donnant des conférences sur mon coming out dans les écoles secondaires, aux jeunes de quinze à dix-sept ans. J'adore me mesurer à leurs questions et leur permettre de s'exprimer librement sur le sujet. Ça me permet d'observer l'étendue de l'homophobie et le taux d'acceptation des différences chez les adultes de demain. Je désire être papa et ce seront les futurs parents que je vais côtoyer à l'école et à la garderie. Donner ces conférences me fait aussi réaliser qu'il y a plus de travail de démythification à faire que je croyais. Au fil des années, je me suis naturellement entouré de gens plus ouverts d'esprit, qui acceptent complètement les homosexuels. Mais, en donnant des conférences dans les écoles, je suis à nouveau en contact avec la population en général, ce qui me confronte aux écoles qui refusent de me recevoir ou aux parents qui n'envoient pas leurs enfants à l'école le jour où je donne ma conférence. J'accepte totalement la liberté de chacun d'entretenir ses propres croyances, peu importe que je sois en accord ou en désaccord avec elles, mais constater que la discrimination persiste toujours contribue à me faire prendre conscience de la nécessité de donner ces conférences.

Mis à part mes conférences sur le coming out, l'autre grand apprentissage de vie que je désire partager est celui de la dépendance affective. C'est la source de la plus grande souffrance que j'ai vécue et me libérer de cette souffrance fut également mon plus grand apprentissage sur moi-même.

La dépendance affective

À l'âge de vingt-cinq ans, j'ai rencontré un gars alors que je ne cherchais pas à avoir de copain. Nous faisions tous les deux partie d'un groupe de trente étudiants se rencontrant toutes les semaines pendant les huit mois de préparation qui menaient à la simulation auprès des Nations Unies. Il était absent le jour où nous devions former des groupes de quatre personnes pour les chambres à New York et c'est donc pour ça qu'il a été assigné à notre chambre. Sinon, il aurait très probablement fait partie d'une autre. Au cours de la semaine à New York, nous avons appris à nous connaître et au retour à Québec, nous avons commencé à sortir ensemble.

Pour moi, les meilleures histoires d'Amour arrivent « par accident », sans qu'elles soient planifiées ou qu'on puisse les provoquer. Comme j'aime bien les nommer : elles sont orchestrées par l'Univers. Cette relation est donc la première où je n'ai pas cherché à rencontrer, mais où j'ai plutôt toujours eu l'impression que c'est la relation qui m'avait choisi. Je veux dire par là que, plus que jamais auparavant, j'ai trouvé un gars qui correspondait exactement à ce que j'avais *besoin* (plutôt que *envie*) alors que, par le passé, j'avas toujours choisi mes copains selon des critères rationnels. J'avais choisis les précédents avec la tête, celui-là était choisi par mon cœur.

Nous avons donc vécu beaucoup de bonheur ensemble et nous avons abondamment vécu notre passion du voyage. Au fil du temps, cependant, la relation s'est dégradée. Nous étions tous les deux, sans en être conscient, des manipulateurs. Comme il est généralement plus facile de voir les défauts de l'autre que les siens, je me suis mis à l'accuser de me manipuler et la relation s'est terminée lorsque je commençais à trop en souffrir. **Avant d'aller plus loin, j'aimerais clarifier le terme « manipulation » qui évoque plusieurs images différentes, selon les définitions de chacun. Il ne faut pas croire que les manipulateurs sont des gens ignobles qui sont constamment en train de manigancer pour** obtenir ce qu'ils désirent. Dans la grande majorité des cas, la manipulation est *subconsciente* et le manipulateur est lui-même « victime » de ses propres mécanismes de défense. Les agissements du manipulateur sont régis par des programmes internes dont il n'est pas conscient. De plus, un manipulateur peut être de type « séducteur » et complètement s'adapter à nos besoins pour créer une relation dans laquelle on s'engage avec joie. La manipulation est à ce moment fort agréable, puisqu'elle est à l'avantage du manipulé. Ce n'est qu'une fois la période de lune de miel terminée que les comportements se changent et que la lutte de pouvoir rend la relation insatisfaisante. Comme je l'ai dit, je ne savais que si j'avais attiré un copain manipulateur, c'est parce que je l'étais moi aussi! Je crois maintenant, et j'ai pu le confirmer à maintes reprises, qu'on attire exactement ce dont on a besoin pour croître et devenir une personne meilleure. On a donc tout intérêt à rester humble et à regarder ce qu'on peut améliorer chez soi, avant de penser à ce que les autres pourraient améliorer en eux.

La manipulation que je faisais se traduisait par l'adaptation de mon comportement avec tout le monde que je rencontrais. En fait, je le faisais depuis tellement longtemps que je ne m'en rendais même plus compte! J'attirais donc les gens vers moi en adaptant mon comportement pour leur plaire et, une fois la « victime » bien attrapée, il est maintenant au tour du manipulateur de recevoir ce qu'il désire et c'est là que les choses se gâtent. En réalisant qu'on n'obtient pas autant en retour que ce qu'on a donné, on intensifie la manipulation. La relation peut donc s'enliser dans un jeu de chat et de souris, où les deux individus offrent le minimum pour garder l'autre dans la relation et où chacun cherche constamment à capturer l'affection de l'autre pour soi. Pas besoin de dire que ce stratagème est extrêmement énergivore et qu'on ne comble jamais son vide affectif de cette façon.

Puisque je n'avais pas fait cette constatation lors de ma première relation de manipulation, j'en ai vécu une deuxième, encore plus difficile! Je crois que la Vie a cette gentille habitude de nous mettre nos problèmes en plein visage de façon cyclique, en augmentant leur intensité à chaque fois, afin de nous permettre de comprendre l'enjeu à régler et de nous élever au-dessus de lui. Ce fut une relation très passionnée, avec beaucoup de coups d'éclats, beaucoup de rapprochements enflammés… mais toujours de courtes durées! J'ai mis beaucoup de temps à distinguer la dépendance affective de l'Amour. On peut demander conseil aux autres, mais qui d'autre que soi-même peut savoir ce qu'on ressent véritablement à l'intérieur? C'est donc très difficile d'obtenir de l'aide en ce domaine, ou de se fier aux conseils des autres. D'ailleurs, si je m'étais fié à leurs conseils, j'aurais abandonné cette relation beaucoup plus tôt, mais je serais aussi passé à côté d'un apprentissage très important que je me devais de faire.

Aujourd'hui, en tant qu'ex-dépendant affectif, je peux tout de même faire quelques distinctions entre l'Amour et la dépendance. La différence s'observe surtout sur le long terme. L'Amour, selon moi, est un sentiment qui fait grandir. Quand on est dans une relation amoureuse saine, on se sent bien presque tout le temps, on se sent en sécurité, on sent qu'on croît et qu'on devient une personne meilleure. Mon expérience avec la dépendance affective est que le sentiment de bien-être est exacerbé, mais de courte durée. En fait, j'en suis même venu à considérer la dépendance affective au même titre qu'une autre dépendance, comme l'alcoolisme ou une dépendance aux drogues. Je n'ai jamais été dépendant à ces substances, mais je suis persuadé que c'est la même chose. L'attirance vers l'autre est tellement forte et semble tellement au-delà de notre contrôle, qu'on ne peut que succomber. Je savais que retourner dans cette relation toxique n'était pas bon pour mon bien-être à long terme, mais l'envie me semblait plus forte que moi. Tous les arguments logiques n'avaient aucun poids contre mon puissant désir d'avoir un peu d'affection. Je savais que mon copain de l'époque était dépendant de moi autant que moi de lui et cette dépendance me rassurait au plus profond de mon être. Savoir que quelqu'un était prêt à tout pour retourner vers moi me rassurait dans mon inquiétude que personne ne serait jamais intéressé par moi. Je possédais à ce moment la compréhension intellectuelle du problème, mais ce n'est pas du tout la même chose que la compréhension émotionnelle. Je *comprenais* que je devais me défaire de cette relation, mais une force qui me semblait plus grande que moi me retenait prisonnier. Je suis donc retourné vers ce gars et cette relation malsaine plusieurs fois, en sachant très bien que j'allais souffrir, mais j'avais un vide affectif encore plus grand à combler, alors je retournais vers lui, encore et toujours.

Progressivement, j'ai tout de même commencé à réaliser qu'il y avait un problème quand mes amis se sont impatientés. Au début, j'allais chercher le réconfort de mes amis quand je souffrais et ils étaient là pour m'écouter et me consoler. Par contre, en constatant que je retournais sans cesse dans cette relation qui me faisait tellement souffrir, j'ai commencé à perdre leur écoute et leur support. Je me suis donc inquiété de perdre mes amitiés. Pourtant, c'est le vide affectif que je ressentais qui avait le dessus, alors c'est ce qui continuait à guider mes actions. En cours de route, c'est ce qui m'a fait réaliser que je ne m'aimais vraiment pas du tout, je me demandais : « Comment je peux m'aimer si je retourne vers une relations qui me fait autant de mal? » Prendre conscience que je me détestais moi-même a été un grand pas vers l'avant. En arrêtant de me mentir et en regardant la réalité en face, j'établissais un fondement sur lequel bâtir qui je suis. En abandonnant la fausse image de moi où je croyais être maître de moi-même et en contrôle de mes comportements, je permettais ma reconstruction de façon solide.

Ça n'a vraiment pas été facile au début. J'ai dû réaliser que, si je permettais à quelqu'un de me maltraiter autant que ça, c'est que je me maltraitais moi-même encore davantage! C'est la seule raison qui peut pousser à demeurer dans une relation toxique : on ne laisse jamais les autres nous maltraiter à un niveau supérieur au niveau où on se traite soi-même intérieurement. La méditation a été un excellent outil pour m'aider à remonter l'escalier de mon estime personnelle. Grâce à la méditation, j'ai commencé à combler le manque affectif par *moi-même*! J'ai donc graduellement de moins en moins eu besoin d'aller chercher l'affection chez les autres, à l'extérieur de moi. Par contre, combler son affection par soi-même ne veut pas dire qu'on n'a plus besoin des autres. Mais, plus on est autonome au niveau affectif, plus on peut entretenir des relations saines, par *choix*, parce que ce sont des relations qui nous font grandir, plutôt que d'entretenir des relations par *obligation*, parce qu'on est dépendant des autres pour combler nos besoins affectifs. J'ai également remarqué que, plus je puisais l'affection à l'intérieur de moi, plus je pouvais me permettre d'être moi-même. J'avais moins besoin de me changer pour plaire aux autres et je pouvais simplement me comporter comme je me sentais au fin fond de moi-même. J'apprenais tranquillement qui est Martin et je me permettais de l'exprimer. Je devenais progressivement quelqu'un de solide et d'autonome dans la satisfaction de mes besoins affectifs. La manipulation dont j'étais victime et responsable s'est progressivement dissoute.

Avec le recul, j'ai constaté que j'avais vécu cette relation douloureuse parce qu'elle correspondait au modèle que j'ai reçu dans mon enfance. J'ai vu mon père se faire maltraiter verbalement par ma mère pendant les vingt années où j'ai habité avec eux. Leur modèle de couple s'était donc profondément imprégné en moi et j'avais spontanément recréé la situation! Prendre conscience que je ne connaissais rien de mieux que me faire maltraiter verbalement a marqué un point majeur dans ma relation amoureuse. Je n'en ai pas été libéré immédiatement mais, au fil des mois, ma prise de conscience s'est solidifiée, mon égo s'est effrité et mon désir de me faire souffrir s'est estompé. J'ai pris action lorsque le déchirement a atteint son apogée, alors que j'étais en Espagne pour l'été. Nous n'étions plus un couple, mais nous continuions à correspondre par courriel. Après une semaine d'insomnie, à errer dans les rues de Barcelone, j'ai décidé que c'en était assez.

Je ne sais pas exactement ce qui déclenche la décision que c'en est assez. Qu'est-ce qui détermine qu'on a atteint le fond du baril? Pourquoi un alcoolique qui a tenté de se sortir de sa dépendance à tant de reprises, se lève soudainement un matin, prend la décision qu'il ne boira plus jamais et il réussit, cette fois, à tenir sa promesse? Je ne sais pas ce qui s'est passé en moi, mais il y a définitivement un instant précis où j'ai basculé dans l'Amour envers moi-même et j'ai délaissé le mépris. Peut-être est-ce le moment où je me suis avoué vaincu. Je savais que je n'allais pas m'en sortir seul et je suis donc allé chercher de l'aide. Je suis rentré au Québec, complètement épuisé mentalement et ma sœur m'a présenté à un coach de vie. Sans le réaliser immédiatement, j'avais enfin trouvé la solution à mes relations malsaines. La séance avec le coach a porté sur ma carrière mais, à la toute fin, il m'a proposé un exercice de relaxation. Il m'a demandé de m'imaginer pendant quelques minutes dans un lieu où je me sentais bien et d'accentuer tous les sens pendant l'expérience. (Rendre les couleurs plus vives, les odeurs plus enivrantes, les sons plus définis) Sans même savoir que c'était de la méditation, j'avais découvert quelque chose qui allait transformer ma vie pour les années à venir. J'ai tout de suite **aimé cet exercice** parce que je voyais l'application immédiate des bénéfices.

À cette époque, je voyais une cliente très exigeante devant qui je me sentais instantanément impuissant et je perdais rapidement mes moyens. À chaque fois que je la rencontrais, mon équilibre vacillait et je devenais vulnérable à toutes ses demandes. Elle activait en moi le désir de satisfaire et de plaire aux gens et je me perdais dans le tourbillon de ses exigences insatiables. Encore une fois, cette expérience me ramenait à mon histoire familiale où j'ai vécu pendant plusieurs années le désir de satisfaire aux exigences de ma mère pour « mériter » son amour. On peut donc comprendre pourquoi j'ai vécu cette relation de dépendance affective : j'ai tellement manqué d'affection dans ma jeunesse que, une fois que j'avais trouvé quelqu'un prêt à m'en donner un peu, j'étais prêt à tout pour le garder près de moi. Oui, même si ça voulait dire de me maltraiter au passage!

Ce qui m'attirait le plus dans cette relation était en fait son intensité. J'aime vivre ma vie avec une forte intensité et, à cette époque, que l'intensité soit positive ou négative ne faisait pas de différence. C'est la même chose avec les gens que je rencontre et qui ont d'importantes consommations d'alcool ou de drogues. Ce n'est souvent pas au point d'en être une dépendance, mais je fais immédiatement le parallèle avec le manque d'intensité dans la vie de l'individu. C'est d'ailleurs la même chose avec ceux qui recherchent des émotions fortes par d'autres activités, comme les sports extrêmes, par exemple. Tout le monde a besoin d'intensité et plus on s'en coupe, plus le manque se fait sentir. Comment ça se produit? Et bien, je crois que l'être humain a besoin de plusieurs choses pour être bien. Notamment, une nourriture saine, un contact affectif avec les gens, un contact régulier avec la nature et une expression saine de toute la gamme des émotions. Plus la société « évolue », plus on se coupe des autres en « textant » plutôt qu'en allant prendre un café, par exemple. De plus en plus de temps est passé dans les bureaux, les maisons et les commerces et de moins en moins en nature. Beaucoup de gens font moins d'exercice physique. Chacun de ces éléments peut sembler anodin, et je crois effectivement qu'ils le sont au quotidien, mais c'est l'accumulation de chacun et la répétition jour après jour qui crée une importante coupure avec notre intensité naturelle.

Je regarde quand même cet épisode de vie tinté par la dépendance affective avec beaucoup d'Amour et de compassion pour moi-même. Le plus important pour améliorer notre vie, est la prise de conscience de soi. C'est le « Connais-toi toi-même » inscrit sur le temple d'Apollon à Delphes. Mais, au cœur de la situation, discerner si on vit de la dépendance affective ou de l'Amour est un véritable défi, surtout si on n'a jamais eu de modèle d'Amour authentique dans son entourage. Je sais maintenant que l'Amour est supposé être une merveilleuse expérience : pas une alternance entre la souffrance et le bonheur. Tout de même, je serai éternellement reconnaissant envers la Vie et mes ex-copains de m'avoir permis de vivre cette aventure. Je crois fermement qu'absolument toutes les situations ont un côté positif et négatif. Le bonheur réside donc dans la *décision* de voir chaque situation du bon côté. Ça ne fait pas disparaître le côté négatif, ça fait seulement amplifier le côté positif et ça permet de mieux profiter des obstacles et des opportunités que la Vie pose sur notre chemin. Certainement, je pourrais être amer de mon ancienne relation, je pourrais en vouloir à mes parents de m'avoir donné un mauvais modèle de ce qu'est l'Amour, je pourrais en vouloir à mon ex de m'avoir autant maltraité verbalement et je pourrais avoir une multitude de choses à regretter. Cependant, je *choisis* de bénéficier de ces expériences et d'en apprendre. Bien évidemment, je suis passé par plusieurs stades de deuil, de colère et de désespoir avant d'en arriver à me réconcilier avec cette pénible histoire de cœur. Mais je constate aujourd'hui l'immense bénéfice que de vivre cette histoire m'a apporté et je vois le lien direct que mes anciennes relations ont eu avec ma relation subséquente tellement satisfaisante. Il est donc primordial de continuer à travailler sur soi et de toujours s'efforcer d'utiliser chacune de nos expériences pour apprendre, conscientiser notre situation et constamment améliorer notre vie et nos expériences.

L'Amour trouve l'Amour

J'ai longtemps pensé que l'Amour est quelque chose qui allait « m'arriver », c'est-à-dire que c'était un peu laissé au compte du hasard. Avec certains gars, ça clique, avec d'autres, ça ne clique pas. Aujourd'hui, je crois qu'un couple est en fait basé sur deux aspects principaux : le cœur et la tête. Le cœur est cet aspect que je viens de décrire, c'est l'aspect qu'on ne contrôle pas, c'est notre « sagesse intérieure » qui nous guide vers la bonne personne. Bien souvent, on ne peut pas dire pourquoi on est attiré par une personne spécifique, mais l'important est d'écouter cette intuition qui nous aiguille. Le deuxième aspect, c'est la tête. C'est l'engagement qu'il est important d'avoir et qui nous permet de continuer une fois la lune de miel terminée. En ayant bien réfléchi aux implications qui viennent avec l'investissement dans une relation de couple et en ayant les idées claires sur nos objectifs de vie commune, on traverse plus facilement la période où ça semble « plus vert chez le voisin ». Lorsque les deux membres du couple parviennent à s'engager à 100% avec la tête *et* le cœur, alors on obtient une relation durable et satisfaisante pour les deux individus. Je suis conscient qu'il n'est pas fréquent de trouver des gens qui sont véritablement prêts à investir les efforts nécessaires et qui ont cette lucidité à propos de leur vie de couple. Bien souvent, le désir de ne pas être seul est trop fort ou l'envie d'être en couple, peu importe le prix à payer, et le manque affectif sont trop importants, alors on ignore les signaux que notre cœur nous envoie nous indiquant qu'on fait fausse route.

J'ai vécu l'année 2001 en Écosse. À cette époque, je ne savais pas dans quelle carrière je voulais œuvrer, mais je savais que je voulais voyager. Alors je suis parti à la découverte du monde! Pendant les douze années qui ont suivi, mon cœur me disait de m'établir en Europe et d'obtenir une citoyenneté européenne. J'ai tenté de le faire à quelques reprises, mais sans grande conviction. Je me trouvais toujours des raisons de manque d'argent ou d'opportunité et je repoussais le projet. En 2012, par contre, j'étais plus déterminé que jamais. J'ai vendu mon condo au Québec et tout ce qu'il y avait dedans, j'ai donné ma démission au travail et je suis parti compléter ma maîtrise à Bruxelles. Le plan était d'ensuite me trouver un stage en Europe, qui allait me mener à un emploi permanent, puis à la citoyenneté. Par contre, la vie en avait décidé autrement!

Cinq semaines avant de partir, j'ai rencontré celui qui allait devenir mon prochain copain. Je l'ai rencontré dans un restaurant (il était serveur!) dans une petite ville de trente mille habitants. (Pour tous ceux qui croient que c'est impossible de rencontrer en région, détrompez-vous!) Cette relation a été incroyablement plus satisfaisante que mes précédentes. Vingt-quatre heures après notre rencontre, je lui disais que je l'aime et nous étions lancés dans une formidable histoire d'Amour. Puisque mon condo était déjà vendu, j'ai emménagé avec lui après seulement une semaine, et un mois plus tard, il décidait de m'accompagner à Bruxelles! En y repensant, toute cette histoire me parait complètement folle, et je déconseillerais à n'importe qui d'agir aussi rapidement. Dans mes relations précédentes, je me suis « protégé » de moi-même en ralentissant volontairement le rythme, en prenant le temps de réfléchir avant d'agir. Pourtant, avec ce copain, tout coulait naturellement. Il n'y avait pas de sentiment de rapidité ni de lenteur, simplement un fort et profond sentiment de *flow*. Le *flow*, pour moi, est le puissant sentiment de bien-être que l'on ressent lorsqu'on est à sa juste place dans l'univers et qu'on vit ce qu'on est supposé vivre au bon moment. Je suis persuadé que j'ai rencontré l'Amour parce que je vivais déjà l'Amour. J'étais dans un état d'esprit où je me réconciliais enfin avec ce que mon cœur me disait de faire depuis douze ans, soit d'aller vivre en Europe, et c'est d'être dans cet état d'esprit qui m'a rendu ouvert à cette rencontre.

Mon histoire n'est pas la seule! De toutes les relations que je connais, les plus saines sont celles qui se sont nouées de façon naturelle, souvent accidentelle, et qui sont allées à l'encontre de ce qui était planifié. C'est pour cette raison que, un an avant de rencontrer mon dernier copain, j'ai pris la décision de me désabonner des sites de rencontre et de toutes les applications du genre. Je ne voulais pas d'une relation rationnelle ou d'un copain qui correspondait à des critères de recherche. Je voulais laisser mon cœur libre de m'accorder avec la meilleure personne qui soit pour moi. Après tout, c'est également comme ça qu'on rencontre nos amis! On ne fait pas une liste de nos intérêts et on cherche ensuite des gens qui y correspondent! On ne trouve pas nos amis dans les bars, via des sites web ou des applications. Les amitiés se forment naturellement, grâce au hasard, et les gens avec qui on résonne le plus restent dans nos vies!

Dans le cas des relations de couple, je préfère donc laisser à la Vie le soin de trouver la meilleure personne pour moi. En attendant qu'elle apparaisse, le mieux à faire est de travailler sur soi-même et de se rendre attrayant pour les autres. Par contre, il faut faire tous les efforts pour *soi*. J'ai vu trop de gens se mettre en valeur dans le but d'attirer l'âme sœur, mais graduellement se laisser aller une fois la personne trouvée. C'est la recette idéale pour une relation envenimée, décevante et conflictuelle. En fait, trop se mettre en valeur constitue même de la manipulation-séduction dont j'ai parlé précédemment. Quand on fait les choses pour soi, on améliore notre image personnelle *intérieure*, on commence à être bien dans sa peau et, par le fait même, on rencontre quelqu'un à la hauteur de cette image. Je me suis longtemps imaginé que, pour faire un gros changement dans ma vie, il me fallait une solution imposante et complexe. Avec le temps, j'ai réalisé que pour faire un gros changement, il fallait que je fasse de petits pas avec persévérance et en prenant mon temps. Ce fut tout un défi pour moi qui est de nature très impatiente mais, lorsque j'ai réalisé l'impact des petits pas, c'est devenu beaucoup plus facile de mettre de gros changements en place dans ma vie de façon progressive.

Après mes études à Bruxelles, mon copain et moi sommes rentrés au Québec. En ayant trouvé l'Amour, le vrai, l'endroit où j'habitais dans le monde n'avait plus d'importance. Je trouve important de mentionner que je n'ai jamais sacrifié mon rêve de vivre en Europe. À la place, j'ai laissé mon rêve évoluer. Cette histoire-là s'est malheureusement terminée parce que nos définitions du couple divergeaient mais, je partage cet évènement, parce qu'il démontre que les bars gais, les sites de rencontre et les applications ne sont pas nécessairement les meilleurs endroits pour trouver l'Amour. Je me suis plutôt mis à la recherche de l'Amour en moi-même, en apprenant à prendre soin de moi et à me respecter, et c'est de faire ça qui m'a permis de rencontrer une personne à la hauteur de l'Amour que je porte envers moi.

Lorsque j'affirme que je ne fréquente presque plus le milieu gai, on me demande souvent comment je fais pour faire des rencontres amoureuses. Il peut effectivement exister une difficulté supplémentaire que les hétérosexuels n'ont pas, puisqu'ils peuvent supposer l'orientation sexuelle des gens qui les intéressent et se permettent de flirter ailleurs que dans les bars. Personnellement, je sens très peu cette difficulté supplémentaire. À quelques reprises, j'ai donné mon numéro de téléphone à des gars qui m'intéressaient en dehors du milieu gai, alors que je prenais le risque qu'ils ne soient pas gais. Pour fonctionner de la sorte, il faut évidemment avoir une bonne confiance en soi et être ouvert à tous les dénouements possibles après notre tentative. Mais, ce qui m'aide à me donner le courage est que j'ai pris la ferme décision que je ne rencontrerais plus sur internet. J'ai déjà utilisé les sites de rencontre et les applications du genre pendant quelques années et le ratio de rencontres intéressantes par rapport aux rencontres décevantes est tellement bas que c'est, selon moi, une immense perte de temps. En fait, tout dépend de ce que l'on cherche. Si on cherche des relations sexuelles uniquement, alors oui, internet est tout à fait indiqué. Par contre, si on cherche une relation amoureuse stable, je ne crois pas que ça soit un bon investissement de temps. Oui, c'est certain, il existe des couples qui fonctionnent bien et qui se sont rencontrés grâce à internet. Mais le ratio est tellement faible que je préfère investir mes énergies ailleurs.

Ce qui forme les relations de couple et les cimente, c'est la connexion affective, c'est un ressenti, c'est d'être sur la même longueur d'ondes. Bien souvent, les meilleures combinaisons se créent au niveau subconscient, ce qui est une raison supplémentaire pour ne pas tenter de contrôler tout le processus de rencontre. Je préfère avoir une vie sociale active et demeurer ouvert aux rencontres que la vie m'envoie.

Apprendre à s'aimer soi-même

J'ai connu des gens qui faisaient de la télévision et même une star hollywoodienne et j'ai été très surpris de constater que ces personnes sont celles qui souffrent le plus d'insatisfaction affective. Quand on y pense, ça a pourtant bien du sens que ceux qui manquent le plus d'affection compensent en allant en chercher auprès d'un plus grand nombre de personnes, donc en ayant une vie publique. Malheureusement, il n'y a qu'une seule affection qui comble véritablement et de façon permanente : c'est celle qu'on éprouve pour soi-même.

En effet, lorsqu'on dépend des autres pour nous donner de l'affection, on cède une partie de notre pouvoir personnel et on se fragilise. Pour remédier à la situation, il faut soi-même se donner cette affection. C'est d'ailleurs vrai pour tous les besoins qu'on désire combler. Ça ne sert à rien que mille personnes nous disent qu'on est beau si on n'y croit pas à l'intérieur de soi, parce que ce compliment ne sera pas comptabilisé dans notre « banque » intérieure d'estime personnelle. Bien sûr, si on se fait régulièrement répéter qu'on est beau (et je parle de beauté, mais c'est valide pour toutes les qualités), il va être plus facile de commencer à y croire, mais si on ne réalise pas qu'il faut y croire soi-même d'abord, ces compliments resteront en surface et les effets demeureront temporaires. En revanche, même si tout le monde nous dit qu'on est laid (ce qui m'est arrivé pendant plusieurs années durant mon enfance), on peut se mettre à croire qu'on est beau si on change notre dialogue interne. Bien sûr, au départ, notre nouveau dialogue intérieur sonnera faux à nos oreilles. Pourtant, après un certain temps, il est inévitable qu'on commence à y croire. C'est comme ça que fonctionne le subconscient : il obéit à tout ce qu'on lui dit, peu importe que ça soit une vérité ou un mensonge par rapport à notre réalité extérieure. La priorité absolue de notre subconscient est de nous garder dans la « sécurité » du connu, c'est-à-dire de faire correspondre ce que nous expérimentons à nos croyances profondes. Donc, si on rencontre quelqu'un avec qui nous sommes en train de fonder une superbe relation de complicité, mais que nous avons, à notre insu, une croyance subconsciente qui dit que : « On ne mérite pas d'être heureux. » alors on va *inconsciemment* saboter la relation pour qu'elle ne fonctionne pas et pour que notre vie corresponde à nos croyances! Il est donc crucial de prendre conscience de nos croyances subconscientes et d'améliorer celles qui ne nous servent pas.

Pendant mon enfance, entre les âges de cinq et quinze ans, j'aurais tant souhaité avoir les outils nécessaires pour me défendre des insultes proférées à mon égard, mais je ne crois pas que d'avoir attaqué les autres en retour aurait vraiment amélioré la situation. Je connais des gens qui ont une excellente répartie et qui sont capable d'habilement répliquer aux insultes, mais ces gens sont autant prisonniers de leurs « carapaces » que j'étais de la mienne. Ce qu'il est donc important de savoir faire, c'est de développer sa solidité intérieure pour devenir inatteignable. C'est complètement différent que de recevoir les insultes et les retourner! C'est un peu comme le principe de l'aïkido, un art martial, qui consiste à faire dévier l'énergie de l'agresseur pour qu'elle passe à côté de nous, sans répondre par une attaque.

Pour ce faire par contre, il faut avoir une solide estime de soi, et il ne faut définitivement pas simplement encaisser les coups et laisser le « poison » vivre en soi. (Comme j'ai fait pendant tant d'années!) Alors, comment bâti-t-on une solide estime personnelle? C'est principalement par les pensées et les croyances qu'on entretient à propos de soi. Traditionnellement, on définit qui on est par ce que notre entourage affirme à propos de nous. Par exemple, un enfant qui se fait régulièrement répéter qu'il est stupide va finir par le croire, et probablement le devenir, parce qu'il en vient à croire qu'il l'est! Pourtant, en vérité, on se définit beaucoup plus à partir de l'intérieur que l'on ne le pense. En fait, on se définit même entièrement à partir de nos croyances intérieures, selon moi! Donc, lorsqu'on commence à observer nos propres croyances, peu importe comment elles sont devenues « vérités » pour nous, on peut commencer à s'en détacher et à changer celles qui nous sont nuisibles.

Par exemple, dans mon cas, mon milieu familial m'avait appris qu'être vulnérable en société n'est pas désirable et qu'il s'agit d'une faiblesse. Puisque j'entendais beaucoup d'insultes et de blagues à propos des homosexuels, j'en avais déduit qu'un homosexuel était faible, qu'il s'agissait de quelque chose d'indésirable et que je ne devais pas l'être. Inconsciemment, j'ai donc longtemps considéré mon homosexualité comme une faiblesse que je devais camoufler et changer. Pourtant, au fur et à mesure que je parle de mon expérience et de ma souffrance, les gens se reconnaissent dans mon histoire et je me libère de ma propre souffrance en même temps que je libère les autres! C'est donc exactement l'inverse de ce qu'on m'avait enseigné qui se produit : en publicisant ma vulnérabilité, je découvre une force nouvelle et je solidifie ma confiance en moi. Je deviens aussi plus authentique avec moi-même et avec les autres. J'ai donc maintenant appris que la croyance « Il faut éviter d'être vulnérable en public. » ne me servait pas et je l'ai remplacée par « Être vulnérable me rend humain et me rapproche des autres. » Je reconnais maintenant qu'il s'agit d'une autre des clés pour améliorer son estime personnelle : admettre sa vulnérabilité pour établir notre personnalité sur des bases solides plutôt que d'ériger une muraille qui nous protège, mais qui est énergivore, fragile et qui nous coupe des autres.

Nouer des relations saines

J'ai eu quatre copains significatifs dans ma vie et j'en ai rencontré un seul sur internet. Le premier, je l'ai rencontré en allant au groupe de discussion gai dont j'ai déjà parlé. Le deuxième, je l'ai connu grâce à la simulation pour les Nations Unies. J'ai rencontré le troisième sur internet, et ce fut ma relation amoureuse la plus difficile, mais aussi celle qui m'a le plus fait avancer. Finalement, j'ai rencontré le quatrième alors qu'il était mon serveur au restaurant. J'ai donc connu la majorité de mes copains de la même façon qu'on rencontre un ami, c'est-à-dire qu'il n'y avait rien de planifié et je ne faisais aucune démarche pour trouver l'âme sœur.

Pourtant, ça ne veut pas dire de rester les bras croisés en attendant que le prince charmant nous tombe dessus. Pour rencontrer, il faut agir. Et pour rencontrer la meilleure personne qui soit pour nous, il faut travailler sur soi-même. Selon moi, les rencontres amoureuses qu'on fait sont d'ailleurs d'excellents outils qui nous servent à travailler sur nous-mêmes et à devenir meilleurs. Au fil du temps, j'ai appris à ressentir les choses plutôt qu'à les analyser, et c'est ce qu'on appelle : l'intuition. Selon moi, il s'agit de l'un des meilleurs outils à développer pour évaluer si un candidat est le bon et s'il va permettre de bâtir un couple solide. Pour devenir plus à l'écoute de son intuition, il faut apprendre à ralentir son rythme de vie pour être plus sensible à notre ressenti et davantage conscient des messages que notre corps nous envoie. Trop souvent, je vois les gens évaluer leurs rencontres en fonction de critères rationnels comme le niveau d'éducation, les habitudes de vie ou les activités communes. Bien que ces critères ne soient pas à négliger, le critère que je place en tout premier lieu est mon ressenti, le signal que mon cœur m'envoie. Je cherche quelqu'un avec qui je vais me sentir bien, qui va me permettre de grandir et me permettre de vivre une relation d'Amour réciproque.

Mais, avant de se concentrer sur trouver la bonne personne, il faut d'abord s'assurer qu'on serait soi-même un bon choix pour quelqu'un. Je suis vraiment fasciné par la quantité de gens qui cherchent un partenaire de vie, mais qui ne sortiraient pas avec eux-mêmes s'ils se rencontraient. Comment peut-on créer des relations saines si on ne croit même pas soi-même qu'on serait intéressant à rencontrer? Après ma dernière relation douloureuse de dépendance affective, j'ai été célibataire pendant un an. Mais en fait, pas tout à fait célibataire, parce que je sortais avec moi-même : je me faisais régulièrement des soupers romantiques en solo, je m'offrais des soirées de tranquillité et d'intimité et j'allais faire des escapades en nature. Le soir quand j'allais me coucher, j'imaginais même mon copain virtuel qui me réconfortait dans le lit. Je pense que pouvoir sortir avec soi-même et être bien en sa propre compagnie sont essentiels pour ensuite bénéficier d'une relation de couple saine. Trop de gens cherchent à combler leur manque affectif par quelqu'un d'autre, alors que tout peut et doit se combler par soi-même. La sécurité, aussi bien affective que financière, se trouve à l'intérieur de soi : il faut apprendre à être bien dans sa peau d'abord, pour ensuite être bien avec quelqu'un d'autre. Je sais, cette croyance est peu répandue, mais les besoins ne se comblent pas à partir de l'extérieur de soi : ils se comblent de l'*intérieur* d'abord et se manifestent à l'extérieur *ensuite*.

Essayer de faire comprendre à quelqu'un que le bonheur s'expérimente de l'intérieur est un peu la même chose que de tenter de décrire la couleur bleue à un aveugle : peu importe les mots qu'on utilise, on n'y parviendra jamais! Il faut plutôt changer d'approche et travailler à lui rendre la vue! C'est ce que la méditation fait : elle permet de *ressentir* les choses plutôt que de simplement les *comprendre* au niveau intellectuel. Grâce à ma pratique quotidienne de la méditation, au fur et à mesure que mon esprit s'est calmé, j'ai commencé à *sentir* ce qui se passait à l'intérieur de moi. Par exemple, en ralentissant la vitesse à laquelle je mange, j'ai réalisé que mon corps me dit toujours exactement ce dont il a besoin. J'ai donc complètement arrêté la caféine lorsque j'ai réalisé que je ne me sentais pas bien dans mon corps après en avoir bu. Le message est subtil et il faut porter très attention pour l'entendre. Quand on reste étourdi dans le brouhaha du quotidien, c'est très facile de ne pas être à l'écoute de son corps. J'ai également beaucoup réduit mon utilisation de l'ordinateur. En étant à l'écoute de mon corps, j'ai réalisé que je sentais mon activité cérébrale excitée et dissipée lorsque je m'exposais trop longtemps à un écran d'ordinateur. En revanche, je me sens centré et apaisé après une marche en forêt. J'ai donc arrêté d'être à la recherche des recettes du bonheur des autres, et j'ai progressivement construit la mienne, à partir de mon ressenti.

La durabilité des couples

Lors de mes conférences, je me fais occasionnellement demander s'il est vrai que les couples gais sont moins durables que les hétérosexuels. Je n'ai pas de statistiques officielles en la matière, mais mon impression pointe vers l'affirmative. Je crois que les couples homosexuels sont souvent de plus courte durée pour plusieurs raisons. Tout d'abord, dans biens des endroits et bien des situations, le couple ne peut pas s'afficher publiquement. En gardant le couple secret, on s'isole et on crée une tension supplémentaire qui affecte la survie du couple. Un autre facteur important qui influence la durabilité des couples est la rupture à répétition, avec laquelle on se blesse et on apprend à se protéger en se formant une carapace, mais on se coupe en même temps de notre capacité à entrer en relation intime avec les autres. Plus on vit des ruptures à répétition, plus on se protège et plus on entre difficilement en relation saine avec les autres. De plus, le rêve répandu d'avoir une maison et des enfants ne s'adresse généralement pas aux couples homosexuels. C'est pourtant un projet que je désire réaliser : celui de fonder une famille, mais ce n'est pas la société qui me l'a donné, c'est moi-même qui a dû le façonner, en allant à l'encontre des mœurs. Pour les hétérosexuels, c'est plus facile de se laisser emporter par cette image de projet familial qui semble être la norme. Il existe donc un incitatif supplémentaire pour les couples hétérosexuels de correspondre à cette image, alors que les couples homosexuels doivent eux-mêmes bâtir l'image qu'ils veulent pour leurs vies. La longévité des couples homosexuels est tout de même possible, elle vient simplement un peu plus tard que dans la vie des hétérosexuels. Et, bien évidemment, je fais ici des généralisations et j'ai des couples d'amis homosexuels qui sont ensemble depuis plusieurs années et qui fonctionnent à merveille.

Ma première relation amoureuse saine a duré deux ans et demi. Tout au long de cette relation, j'ai senti que je préférais être en couple, mais que je n'aurais pas été malheureux d'être célibataire. Je sentais que toute l'affection dont j'avais besoin se trouvait à l'intérieur de moi et que mon copain ne servait qu'à amplifier mon bonheur plutôt qu'à le combler. C'est donc cette confiance en moi qui m'a permis d'être un meilleur conjoint. Je n'ai maintenant plus besoin de modifier qui je suis pour plaire aux autres : je peux demeurer authentique, avec mes opinions et mes préférences, et je ne sens pas la pression de devoir faire correspondre mes opinions à celles des autres. Je me sens émancipé et libre d'être moi-même!

Après deux ans et demi de bonheur, cette relation s'est malheureusement terminée, parce que nos visions divergeaient sur les relations sexuelles. J'avais envie d'exclusivité et pas lui. Les couples ouverts me semblent être un phénomène très répandu dans la communauté homosexuelle. Personnellement, je suis à 100% pour l'exclusivité. Tous les exemples de couples ouverts que je connais n'ont servi qu'à faire prolonger la durée du couple, mais pas à le sauver, ni l'améliorer. Je ne sais pas si la nature humaine est faite pour l'exclusivité ou non. Si on compare avec le règne animal, certaines espèces sont exclusives toutes leurs vies, d'autres ne le sont pas du tout. Pour moi, la réponse se trouve au fond de moi-même : dans toute situation, je me demande si je serais à l'aise d'en parler ouvertement. Par exemple, si je choisissais de coucher avec un autre gars alors que je suis en couple, serais-je à l'aise d'en parler à mon copain? Non, pas du tout. Je sais que je lui ferais de la peine et ça suffit pour ne pas me donner envie de le faire. En plus, ce que j'aime des relations sexuelles, c'est de connaître l'autre, de savoir comment se faire plaisir mutuellement, partager une complicité. Pour moi, une relation sexuelle est l'extension de la connexion qu'on ressent pour quelqu'un. C'est pourquoi les relations sexuelles avec des inconnus ne m'intéressent pas du tout.

Je sais par contre que pour certains, c'est exactement l'inverse. Les relations sexuelles impromptues sont les plus excitantes. Selon moi, c'est dû à l'incapacité d'avoir une communication complètement ouverte avec soi-même et donc avec les autres. Par exemple, j'ai souvent entendu parler de couples qui se trompaient pour aller réaliser des fantasmes à l'extérieur du couple alors que, selon moi, le problème est que ces personnes n'osent pas exprimer leurs fantasmes et les réaliser à l'*intérieur* du couple. Je sais, c'est un grand défi, pour moi aussi! Je m'efforce cependant de partager avec mon conjoint ce qui se passe au plus profond de moi, malgré la peur du jugement. Étrangement, c'est quand j'ai fait ça avec mes anciens copains qu'on s'est rapproché le plus, même si on se disait exactement l'inverse de ce qu'on avait le goût d'entendre!

Par exemple, vers la fin d'une relation, mon copain de l'époque m'a dit qu'il ne « se faisait pas confiance » à propos de demeurer exclusif. Bien évidemment, c'est la dernière chose que je voulais entendre mais, étrangement, ça nous a rapproché! Au moins je savais à quoi m'en tenir. Je crois en fait maintenant que la vérité est plus forte que tout. En sachant que mon ancien copain allait peut-être coucher avec d'autres, il se respectait en s'avouant à lui et à moi ses envies sexuelles, et il me respectait en me laissant le choix de prendre la décision éclairée de continuer cette relation ou non. Quand on est capable de vivre entièrement dans la vérité, avec soi-même et avec les autres, c'est là que les relations sont les plus authentiques et véritablement satisfaisantes.

La fidélité

La question de la fidélité touche beaucoup de couples et je n'ai pas été épargné là-dessus. J'ai moi-même déjà trompé un copain et je l'ai laissé quelques jours après l'avoir fait. Plusieurs années plus tard, c'est moi qui ai été trompé. Je ne savais pas comment réagir. C'est mon copain de l'époque qui me l'a appris, un mois après l'incident, parce que le remord grandissait en lui et il pensait que cela affectait nos relations sexuelles. Sur le coup, j'ai préféré partir. Je me suis pris une chambre d'hôtel pour être seul quelques temps. Quelques heures plus tard, cependant, je l'ai appelé pour qu'il vienne me rejoindre. J'avais de la peine, je me sentais trahi, mais j'avais le goût d'être avec celui que j'aimais. Pourtant, le lendemain matin, j'avais décidé de le laisser. Je lui ai dit, et j'ai laissé mes réflexions évoluer au cours de la journée. Finalement, en fin de journée, j'ai décidé d'attendre pour prendre une décision. Oui, je me sentais trahi, ma confiance envers lui était grandement ébranlée. Cependant, je me disais : Comment je me sens avec mon amoureux? Qu'est-ce qui compte le plus? À chaque jour, je me sentais bien en sa compagnie. Nous avions une belle chimie ensemble, on riait, on avait de belles discussions. Alors j'ai décidé de mettre l'emphase sur le positif et de laisser quelques jours passer, pour voir comment j'allais digérer la nouvelle. Après quelques semaines, je comprenais pourquoi il avait fait ça. La peine est restée pendant plus d'un an, mais j'ai décidé de vivre avec. En rétrospective, je suis content de l'avoir fait. Même si cette relation est maintenant terminée, je me serais privé de deux belles années de bonheur si je l'avais laissé à ce moment-là.

Dans le fond, tromper quelqu'un, c'est avant tout se tromper soi-même. Mon ancien copain manquait de confiance envers lui et c'est ce qui l'a amené à se saboter lui-même. J'étais sa première relation à long terme et il avait de la difficulté à croire que nous allions être exclusif à chacun toute notre vie. La façon dont chacun agit est avant tout une affaire d'image personnelle. Si notre image est positive, on fait ce qu'il y a de mieux pour soi. Si notre image n'est pas reluisante, on va adapter nos actions pour faire correspondre à l'extérieur l'image de soi qu'on porte à l'intérieur. C'est sûr, tromper son conjoint vient avec des risques pour les infections, mais le plus grand risque, selon moi, est de perdre sa confiance.

Fort heureusement, je réalise avec le temps que toutes mes réactions ne concernent que moi par rapport à moi-même. Il est facile et commun d'avoir l'impression que nos réactions sont causées par les évènements extérieurs, mais les réactions sont en fait causées par notre *interprétation* des évènements. Par exemple, si on place deux personnes dans la même situation d'égarement en forêt, une personne pourra réagir calmement et dresser un plan pour s'en sortir, alors que l'autre personne s'affolera et épuisera ses énergies en courant dans tous les sens. Il s'agit pourtant de la même situation pour les deux personnes, mais ce sont leurs croyances par rapport à leur capacité de s'en sortir qui modifient leurs réactions et, conséquemment, leurs actions.

Pareillement, une même personne peut avoir des réactions très différentes aux mêmes évènements en fonction de l'étape de vie où elle se trouve. Par exemple, lorsque mon copain m'a trompé à nouveau, six mois plus tard, ma réaction n'a pas été la même. Cette fois, je n'ai pas remis le couple en question, et j'ai réagi avec beaucoup plus de détachement. Je savais que le fait qu'il me trompe était un problème d'estime personnelle qui confrontait mon copain avec lui-même. En ne se croyant pas digne d'être en relation, et en ne se croyant pas digne que je sois dédié à lui, il démontrait le besoin inconscient de saboter la relation. Involontairement, il ramenait la relation à son niveau de croyances existant, qui dictait qu'il n'est pas digne de confiance et qu'il ne peut pas se satisfaire d'une seule personne pour la vie. Bien évidemment, le fait que ce soit son propre manque de confiance qui soit la cause de ses gestes n'enlève pas certaines conséquences. Par exemple, je ne sais pas comment j'aurais réagi s'il m'avait trompé de nouveau. Et, bien que je comprenne pourquoi il l'ait fait, ça n'empêche pas que ça m'a quand même fait beaucoup de peine, et que ça m'a pris environ un an pour digérer complètement les émotions. Mais, ce qui distingue beaucoup les deux évènements de tromperie est la durée avant que mon copain ne se confie. La première fois, il a attendu un mois avant de le faire, alors que la deuxième, il l'a fait le lendemain.

Le plus dur à avaler a été qu'il puisse vivre dans le mensonge pendant un mois au premier incident. En fait, je réalise même avec le temps que c'est le bris de confiance qui est plus grave que l'acte sexuel. La fidélité, c'est donc avant tout un engagement de confiance. Chaque évènement de tromperie est à évaluer au cas par cas. Je ne suis plus aussi tranché qu'avant pour mettre fin à la relation dès la première offense. Cependant, il ne faut pas non plus se laisser tromper sans se respecter. Le plus important, c'est d'écouter son cœur. Pour moi, au moment où c'est arrivé, mon cœur m'a dit que j'avais le goût de continuer la relation et que mon copain avait besoin de compréhension. J'ai donc pris soin de ma blessure et j'ai poursuivi. Le test de ce que le cœur en dit à long terme est vraiment mon meilleur outil pour savoir comment réagir et prendre mes décisions. C'est un outil puissant et fiable lorsqu'on prend le temps de l'écouter.

Avoir des enfants

Une autre réalité associée à la durabilité des couples est celle de fonder une famille. Le plus grand deuil que j'ai eu à faire quand j'ai réalisé que je suis gai est celui de ne pas avoir d'enfants. Entre les âges de quinze et vingt-cinq ans, je me suis efforcé de réprimer ce fort désir d'en avoir et j'ai finalement réussi. Par contre, quelques années plus tard, avec un nouveau copain, le désir d'être papa a ressurgi spontanément. Depuis ce temps, je n'essaie plus de réprimer cette envie et j'ai même participé à des ateliers sur l'homoparentalité avec mon ancien copain.

Lorsque je donne mes conférences dans les écoles, je rencontre occasionnellement de l'homophobie, mais les jeunes sont généralement très ouverts pour l'acceptation d'une orientation sexuelle différente de la leur. Par contre, je soulève plus de questions lorsque j'affirme que je désire avoir des enfants. Les questions qui reviennent régulièrement sont celles de l'importance de modèles masculins et féminins pour l'enfant, ainsi que l'exclusion que l'enfant pourrait vivre en ayant des parents homosexuels. Pour ce qui est de l'importance d'avoir des modèles de chaque sexe, je crois effectivement que c'est très important pour les enfants d'en avoir. En fait, encore plus important selon moi, c'est de vivre dans un foyer stable où l'Amour est présent entre les parents et entre chaque parent et l'enfant. Une fois cette condition remplie, et c'est déjà une minorité des foyers qui présentent véritablement ces caractéristiques, alors oui, je crois qu'il faut fournir des modèles masculins et féminins à l'enfant. C'est pourtant très facile puisque j'ai ma sœur, ma mère, celle de mon copain, les enseignantes à l'école et toutes les femmes que nous allons côtoyer dans les différentes activités de notre quotidien. Le plus important, selon moi, est de ne pas s'isoler : aller aux pratiques sportives de notre enfant et aux rencontres de parents à l'école, en couple. Lorsque l'enfant réalise qu'il n'y a pas de malaise à avoir un modèle familial différent des autres, alors il n'y a aucun malaise ailleurs.

Cet énoncé, je l'ai déjà testé à maintes reprises lors de mes conférences. Je suis complètement à l'aise de parler de mon orientation sexuelle devant une classe ou un groupe. En étant confiant en moi-même, je dégage une assurance qui met les autres en confiance également, et qui leur permet de poser les questions qu'ils n'oseraient pas poser autrement. Dans la vie de tous les jours, c'est la même chose : en disant aux gens que je rencontre que je suis homosexuel dès que la conversation s'y prête, je montre que je n'ai rien à cacher, que je n'ai pas honte de qui je suis et qu'on peut me faire confiance. J'obtiens en retour une grande confiance des gens qui se sentent rapidement à l'aise avec moi.

Une autre inquiétude des jeunes à propos de mon désir d'avoir des enfants, est celle des moqueries que l'enfant pourrait subir en ayant des parents homosexuels. Je réponds alors qu'effectivement, il en sera probablement victime. Par contre, si ces parents ne sont pas homosexuels, il en sera également victime, le sujet de moquerie sera simplement différent. Ce sera alors sa taille, son poids, ses vêtements, sa couleur de cheveux, sa couleur de peau, ses aptitudes intellectuelles, ses aptitudes physiques. Bref, on peut se faire intimider sur absolument n'importe quoi. L'important, c'est donc d'outiller l'enfant pour qu'il soit capable de traverser ces périodes à l'école où les moqueries sont plus intenses. Le meilleur outil, selon moi, est la confiance en soi. Un enfant qui a confiance en ses capacités, qui est solide dans son estime personnelle et chez qui on valorise les réussites, a de meilleures chances de croître sans être affecté négativement par son entourage. J'ai déjà parlé de mon meilleur outil pour un coming out réussi : celui de parler. Je vais donc m'assurer d'entretenir une conversation ouverte avec mes enfants, de leur permettre de s'exprimer librement et sans crainte d'être jugés. Je vais leur montrer comment être à l'écoute de leur ressenti et les encourager à le partager. Avec tous ces outils, je sais que les moqueries ne seront pas un problème pour mes enfants.

De plus, j'aime bien expliquer dans mes conférences d'où viennent les préjugés. Parce que les enfants, entre eux, n'en ont pas. C'est quand les adultes s'en mêlent que ça se complique. J'ai entendu de nombreux exemples d'enfants qui s'amusaient dans un parc, ou à la garderie, et où un demande à l'autre : « Où est ton papa? » et la réponse est : « Moi, j'ai deux mamans et pas de papa! ». Et les enfants continuent à jouer, tout simplement. Pour les enfants, tout est normal et acceptable. Par contre, lorsque les parents leurs apprennent qu'on ne devrait pas avoir deux pères ou deux mères, les enfants enregistrent cette information et la prennent comme leur propre vérité. Le pire est que, toute leur vie, ils vont garder ces croyances, à moins qu'elles ne soient remises en causes par d'autres circonstances extérieures. Si, par hasard, il survient plus tard dans leurs vies, une situation où cette croyance entre en conflit avec une autre, ils devront procéder à l'examen de celles-ci et choisir celle qu'ils conservent et celle qu'ils abandonnent. C'est comme le passage où je parle de la première fois où j'ai vu deux hommes s'embrasser et que j'ai été inconfortable. Ce n'est pas le fait que je sois gai ou hétérosexuel qui m'a rendu inconfortable, c'est la croyance que la société avait insérée dans ma tête et que je n'avais pas eu la chance de réviser par moi-même. Mon désir intérieur de rapprochement physique envers les hommes est entré en conflit avec la croyance qu'on m'avait inculquée qu'il ne doit pas y avoir de tels rapprochements et j'ai dû choisir quelle croyance je conservais.

Certains se questionnent également sur l'âge à partir duquel un enfant est capable d'entendre parler d'homosexualité. Selon moi, l'enfant est prêt lorsqu'il pose lui-même la question. Il n'y a donc pas d'âge minimum pour en parler. Au contraire, je crois que le plus tôt est le mieux. L'important est de se souvenir que les enfants adoptent très facilement l'opinion des parents. Donc, si on montre de l'ouverture, l'enfant se montrera ouvert également. Mais, si les figures d'autorité de l'enfant présentent de l'homophobie, l'enfant en présentera également.

J'ai déjà dit que j'ai annoncé à mes parents que je suis gai à l'âge de quinze ans. Ma petite sœur, qui avait treize ans à l'époque, l'a également appris au même moment. Plus tard, elle m'a posé quelques questions sur les relations sexuelles homosexuelles et je lui ai répondu. Je n'ai jamais senti que je lui avais partagé la nouvelle trop tôt.

Pour mon petit frère, j'ai attendu un peu plus. Il a huit ans de moins que moi et avait donc sept ans lorsque j'en avais quinze. J'ai attendu le moment où je suis parti de la maison, à l'âge de dix-neuf ans, pour lui annoncer. Il avait alors onze ans et je ne voulais pas qu'il l'apprenne de quelqu'un d'autre que moi. Sa réaction m'a beaucoup touché : quand je lui ai dit, il s'est mis à pleurer. Il croyait qu'il était le premier à qui j'en parlais et il pensait que j'étais malheureux d'être homosexuel. J'ai appris plusieurs années plus tard qu'il s'en est voulu pour sa réaction. Il croyait qu'il avait mal réagi et qu'il m'avait fait sentir coupable de lui avoir fait de la peine. Par chance, nous nous sommes expliqués et tout est rentré dans l'ordre. Je demeure aujourd'hui très heureux de lui avoir annoncé moi-même et d'avoir pu vivre sa réaction en sa présence. Je crois que j'aurais par contre dû ouvrir le sujet plus tôt à propos de sa réaction, pour qu'il ne vive pas avec ses fausses impressions aussi longtemps.

Le mariage

Lorsqu'on parle de durabilité de couples, la question du mariage est inévitablement soulevée. Cette institution a largement contribué à la durabilité des couples hétérosexuels par le passé et, bien que ce soit moins vrai maintenant, le mariage demeure néanmoins une influence positive sur la longévité des couples. Selon moi, le concept du mariage favorise la longévité des couples en suggérant de passer au travers des épreuves en s'engageant « pour le meilleur et pour le pire ». Je crois d'ailleurs que trop de gens s'engagent maintenant dans un couple avec trop peu de volonté que ça marche. Les luttes de pouvoir au sein d'un couple sont inévitables. Les problèmes et les conflits le sont également. La question est donc, lorsqu'on rencontre des difficultés, est-ce qu'on fait le choix de les surmonter ensemble, ou on se met à la recherche de quelqu'un d'autre avec qui ces difficultés n'existeront pas. Inéluctablement, on réalise que les difficultés vivent à l'intérieur de nous et qu'elles nous suivent, peu importe la personne qu'on choisit comme conjoint. Je ne dis pas qu'il y a aucune situation où le meilleur choix est de sortir de la relation mais, selon mon expérience, environ 95% des ruptures auraient mérité de persévérer plutôt que d'abandonner le couple.

Pour s'aider à persévérer, il est très utile de savoir à l'avance que nous allons rencontrer des difficultés. Lorsque je rencontre quelqu'un avec qui j'ai envie de m'investir dans une relation à long terme, j'observe maintenant comment cette personne réagit face à l'adversité. Est-ce qu'il a tendance à abandonner devant l'effort, ou est-ce que les défis le stimulent? Est-il confortable avec l'inconfort? Je travaille énormément sur moi-même et certains moments peuvent être particulièrement inconfortables. Par exemple, ma relation de dépendance affective a nécessité un examen personnel qui m'a mené à la difficile constatation que je ne m'aimais pas du tout. Ça prend tout de même une certaine capacité à tolérer l'inconfort pour prendre conscience de ce qui ne va pas avec soi-même. Il faut aussi avoir la lucidité de réaliser que s'auto-examiner et souffrir maintenant, en réglant ses propres problèmes, permet de mieux profiter de la vie plus tard. Malheureusement, trop de gens font le choix inverse, qui consiste à opter pour la facilité maintenant, à ne pas s'examiner, à laisser les problèmes vivre à l'intérieur de soi et les combattre toute sa vie.

Inévitablement, en apprenant à se connaître et à soigner nos blessures, il y a aura des périodes de progression, mais aussi de régression. Il y aura des périodes de stagnation et de frustration. Une des qualités les plus importantes à posséder ou développer est donc la persévérance. J'ai par contre un long parcours d'abandon derrière moi et il a justement fallu cette accumulation d'abandons à répétition pour me faire réaliser que je devais changer quelque chose en moi si je voulais obtenir des résultats différents. Chacun de mes couples qui se sont rompus m'ont fait mal et j'ai l'impression qu'un gros travail d'apprentissage à me connaître et à connaître l'autre a été jeté aux ordures à chaque fois. J'ai déjà entendu une citation à propos des couples que j'aime bien. C'est un peu comme si, toute ma vie, j'avais appris à jouer au Black Jack et que la personne que je rencontre ne savait que jouer au Poker. Ensemble, il faut trouver un nouveau jeu qui marie les règles de chacun et qui permet aux deux de gagner. Il ne faut pas simplement imposer ses règles à l'autre, ni adopter d'emblée les règles de l'autre. C'est donc un travail qui demande de l'investissement et les fruits de ces efforts se font sentir avec le temps, d'où l'importance de persévérer dans ses relations.

Pour en revenir au mariage, je crois que c'est une avenue intéressante parce qu'elle supporte une volonté d'engagement plus sérieux. Je suis heureux qu'au Québec le mariage soit possible pour les couples gais. Ce n'est pas impératif pour moi de me marier, mais je trouve très important d'avoir la possibilité de le faire si je le désire. Selon moi, il ne faut pas utiliser le mariage comme un prétexte pour garantir la longévité du couple, mais plutôt s'en servir comme un outil qui démontre notre conscience qu'un couple sain requiert du travail et que nous sommes prêts à faire les efforts pour qu'il soit une réussite.

Finalement, je crois qu'une part importante du succès d'un couple ou d'un mariage existe déjà dans les cultures où les mariages sont arrangés. La croyance dans ces cultures est que l'Amour n'existe pas au départ, mais qu'il se cultive et se développe au fil du temps, selon notre volonté de le développer. Je crois qu'il y a une forte part de sagesse dans cette croyance. Après tout, il suffit d'examiner comment on se comporte si on croit que la relation commence versus comment on se comporte si on croit que la relation s'achève. C'est en fait nos croyances qui affectent les actions qu'on pose. Si on croit que la relation va continuellement évoluer en fonction de notre investissement vers son succès, la relation va effectivement constamment s'améliorer!

Être gai dans différentes régions du monde

Au cours de ma vie, j'ai beaucoup voyagé. J'ai fait des voyages de courtes durées, mais j'ai aussi fait quelques séjours à l'étranger variant entre trois et douze mois. Personnellement, je trouve beaucoup plus facile d'être moi-même à l'étranger. Comme personne ne me connaît, je ne suis pas lié à l'image que mes amis ou ma famille ont de moi. Vivre à l'étranger m'a donc beaucoup aidé à être moi-même et, par le fait même, à accepter mon homosexualité. C'est complètement psychologique, mais je ne me sens pas obligé de correspondre à l'ancienne image que les autres ont de moi quand je suis en voyage. Ma réputation n'existe plus et tout est à construire. Avec les années, j'ai appris à demeurer authentique avec ma famille et mes amis dans le lieu où j'ai grandi, mais prendre des forces à l'étranger m'a fait beaucoup de bien.

Au cours de mes voyages, j'ai pu expérimenter les différents degrés d'ouverture des différentes cultures. Dans plusieurs pays, je n'ai pas osé montrer d'affection envers mon copain lorsque nous étions en public. Par contre, comme je l'ai déjà mentionné, je demeure toujours surpris de constater à quel point le degré d'assurance joue sur la réaction des gens. J'aime bien citer en exemple le phénomène qui me fascine de Verka Serduchka, un personnificateur féminin Ukrainien, qui a été sélectionné pour représenter son pays au concours Eurovision 2007. Ce qui m'intéresse, c'est la raison qui a poussé un pays ou l'homophobie est répandue à choisir un personnificateur féminin pour le représenter. Bien que je ne connaisse pas tous les enjeux qui ont mené à cette décision, j'ai pu observer à maintes reprises qu'assumer pleinement qui on est dégage une assurance qui fait tomber bien des préjugés. J'en parlais avec mon coiffeur (hétérosexuel) il y a quelques temps et je lui disais que j'aimerais bien une coupe de cheveux plus « funky », mais que mon travail ne me le permettait pas. Il a répondu à cela que le plus important est « d'assumer » la coupe qu'on porte et que les plus orthodoxes allaient peu ou pas commenter si on dégage une solide assurance. Il avait un bon point : l'assurance qu'on dégage fait une énorme différence dans l'interprétation des commentaires qu'on reçoit, et même dans ceux qu'on génère!

Comme je l'ai dit, voyager m'a aidé dans l'acceptation de mon orientation sexuelle, mais quoi faire si le problème se situe au niveau de la culture dans laquelle on a grandi? Je crois en fait que les homosexuels des différentes régions du monde sont confrontés à deux options : celle de se faciliter la tâche côté orientation sexuelle et choisir de vivre dans une région du monde où l'homosexualité est plus acceptée ou celle de rester dans une région où c'est plus difficile et en profiter pour faire évoluer la cause. Bien évidemment, chacune des options vient avec des avantages et des inconvénients. Ce n'est pas toujours évident de tout laisser derrière soi : ses amis, sa famille, son travail, et partir vivre dans un pays étranger. C'est un choix que j'ai fait à plusieurs reprises dans ma vie, et ça m'a énormément servi, mais je reconnais que ce n'est pas pour tous. Le choix de rester n'est pas nécessairement facile non plus, car tous les homosexuels ne démontrent pas un côté revendicateur ou le désir de confronter les mentalités locales. Moi-même, pendant plusieurs années, je ne sentais pas le besoin d'écrire ce livre ou de donner des conférences pour faire changer les mœurs. Cependant, je réalise aujourd'hui que j'ai admirablement bien traversé l'épreuve d'accepter mon orientation sexuelle et je dois aujourd'hui en faire bénéficier les autres pour qui la situation n'est pas aussi joyeuse. Encore une fois, mon conseil est de suivre le message que notre cœur nous envoie.

Le VIH

J'aurais aimé qu'il n'y a ait pas cette section dans mon livre, mais je trouve que le sujet du VIH est tellement important que je me dois d'en parler. Deux de mes anciens copains sur quatre ont le VIH et un de mes oncles est mort du SIDA dans les années 1980. J'ai appris qu'un de mes ex avait contracté le VIH plusieurs années après la fin de notre relation. Par contre, un autre de mes ex a appris qu'il était infecté un mois seulement après le début de notre relation. Nous avons donc vécu ensemble toutes les phases de la maladie, incluant l'acceptation du diagnostic, l'annonce de la nouvelle aux proches, le début de la prise de la trithérapie et la peur constante de transmettre l'infection dans un couple sérodiscordant (un a le VIH et l'autre pas).

Tout au long des deux années que ce couple a duré, je me suis battu intérieurement avec l'idée de rester ou pas avec un gars qui pouvait m'infecter du VIH. Bien sûr, on s'est protégé, et quelques mois après le début de sa trithérapie, il est devenu indétectable, c'est-à-dire qu'il n'était plus supposé pouvoir transmettre l'infection, mais le risque demeurait toujours présent, du moins dans mon esprit. Je suis resté avec lui parce que je me disais que je n'aurais pas voulu qu'on me laisse dans la situation inverse, si c'est moi qui avais été infecté. Je me disais que j'avais moi-même déjà pris le risque de ne pas me protéger avec un inconnu et que c'était injuste de le pénaliser pour une erreur que j'avais moi-même déjà commise. Il faut dire également que mon syndrome de « mère Teresa » était beaucoup plus fort à l'époque, c'est-à-dire que j'avais la forte impulsion de devoir sauver tout le monde.

Je crois que j'ai fait beaucoup de bien à cet ancien copain en lui permettant de vivre son VIH tout en étant en couple. Tout d'abord, j'ai pu lui offrir le support nécessaire lorsqu'il a eu des pensées suicidaires. Être en couple lui a donné une raison de rester en vie, et je lui ai montré qu'il était possible d'être aimé, malgré son infection du VIH. Ce que j'ai trouvé plus lourd, c'est le temps qu'il a mis avant de l'annoncer à ses proches. Le processus est en fait très similaire au coming out, et j'ai déjà défini le coming out comme étant l'annonce de n'importe quelle nouvelle difficile à partager. Il avait besoin de bâtir sa confiance personnelle et de s'ajuster lui-même à sa nouvelle identité avant d'être prêt à en faire l'annonce.

Le début de sa trithérapie a été un évènement marquant dans notre parcours avec le VIH. Tant qu'on ne voit pas les symptômes physiques de l'infection, c'est un peu comme si elle n'existait pas. Mais, la prise quotidienne d'un médicament remet les choses en perspective : l'infection n'est plus seulement virtuelle, elle devient réalité. Le VIH est aujourd'hui bien contrôlé par la trithérapie, et ce n'est même plus considéré comme une maladie mortelle, mais la prise du médicament doit être rigoureuse. Sinon, l'infection reprend le dessus et la médication devient moins efficace. Moins la prise de médication est bien respectée au quotidien, plus il faut changer la combinaison des médicaments et plus les effets secondaires deviennent importants. Comme je l'ai dit plus tôt, tout est une question de perspective. Je choisis donc de mettre l'emphase sur le positif et sur les apprentissages qui sont venus en vivant dans un couple sérodiscordant. J'ai beaucoup appris à respecter mes limites avec cette expérience et à trouver l'humilité d'aller chercher de l'aide lorsque j'en ai besoin.

Les avantages d'être homosexuel

Comme je l'ai déjà dit, si j'avais eu l'option de devenir hétérosexuel entre les âges de douze et vingt ans, j'aurais sans doute dit oui. Par contre, depuis l'âge de vingt ans, je ne retournerais pas en arrière et je préfère définitivement être homosexuel. Être homosexuel n'est pas mieux ou pire qu'être hétérosexuel, c'est simplement une réalité différente, mais tout le travail d'acceptation que j'ai réalisé m'a tellement fait grandir et aidé dans toutes les sphères de ma vie, que je ne choisirais pas une autre vie que la mienne. Jusqu'ici, j'ai surtout parlé des obstacles qu'on doit surmonter lorsqu'on est homosexuel, mais il existe également des avantages. Notamment, j'adore les liens de communauté qui se tissent avec les autres gais. À plusieurs reprises dans ma vie, j'ai quitté une ville pour aller m'installer dans une autre. J'ai toujours trouvé des gais sympathiques pour m'aider à m'intégrer. Bien sûr, certaines âmes charitables étaient intéressées par un rapprochement sexuel, mais la plupart des gestes allaient bien au-delà du simple intérêt personnel et étaient complètement désintéressés. Je crois qu'il y a une certaine sympathie commune qui relie les gais et qui facilite la création d'amitiés. C'est un peu comme si on se disait mutuellement : « Je sais par quel défi d'acceptation tu es passé, alors on a déjà un point en commun. »

Un autre avantage d'être homosexuel, qui m'a bien surpris celui-là, est celui de l'adoption des enfants sous la garde de la Direction de la protection de la jeunesse (DPJ) au Québec. (Il s'agit d'enfants qui sont retirés de leur milieu familial biologique parce que les parents ne sont pas aptes à en avoir la garde.) Des parents homosexuels nous ont confié lors d'un atelier que certains travailleurs sociaux, mais pas tous, préféraient confier des enfants en besoin d'adoption à des couples homosexuels, parce que le projet d'adoption était leur projet initial. En revanche, l'adoption est souvent un plan alternatif pour les couples hétérosexuels, parce qu'ils ne peuvent pas avoir leur propre enfant biologique. Bien souvent, ces parents n'ont pas encore complété leur deuil de ne pas avoir leur enfant biologique et ils sont donc moins prêts à recevoir un enfant qui n'est pas de leur sang, malgré leur traversée des longues démarches menant à l'adoption. Il faut également savoir que prendre soin d'un enfant de la DPJ est une lourde tâche qui demande beaucoup plus d'efforts que d'élever son propre enfant biologique. Ces enfants ont subi des traumatismes importants pour avoir été retirés de leur milieu familial et tous les parents adoptifs ne sont pas nécessairement aptes à les gérer. En ayant complètement accepté leur homosexualité, les parents homosexuels ont probablement traversé des épreuves similaires à celles de l'enfant qu'ils adoptent et sont donc potentiellement mieux outillés pour réintégrer cet enfant dans une vie saine.

Finalement, un autre avantage d'être gai est le bénéfice de la remise en question des mœurs. La société dicte en fait la norme de la majorité hétérosexuelle, c'est d'ailleurs ce qu'on appelle « l'hétérosexisme ». En grandissant dans un monde qui supposait que j'étais hétérosexuel, et par ma constatation que je ne le suis pas, j'ai ouvert la porte à une remise en question plus large sur ma personne en me disant que la société et mon éducation pouvaient également avoir présupposé d'autres choses à mon égard qui ne sont pas vraies. Je perçois d'ailleurs un lien entre la remise en question de mon orientation sexuelle et la remise en question qu'on doit travailler toute sa vie pour mériter sa retraite. J'aime beaucoup les conférences de Peak Potentials qui offrent des moyens pour obtenir son indépendance financière plus rapidement. Je crois que j'adhère plus facilement à ces idées non orthodoxes parce que j'ai une plus grande ouverture à croire en quelque chose qui ne fait pas l'unanimité en société. Ça prend tout de même du courage pour s'affirmer comme homosexuel dans une société où les préjugés péjoratifs persistent. C'est donc mon expérience d'avoir surmonté ce défi d'acceptation et de divulgation qui m'aide aujourd'hui à partager mes idées non traditionnelles sur la création de la richesse, le succès et l'indépendance financière.

Améliorer son dialogue interne

J'ai entendu à plusieurs reprises que la communauté homosexuelle vivait beaucoup dans la superficialité. Lorsque je demande aux hétérosexuels s'ils vivent également cette problématique, on me répond que le problème est aussi important de leur côté. Peu importe si ce problème est plus important dans une communauté ou dans l'autre, il n'en demeure pas moins que la superficialité excessive est un grave problème pour le bien-être à long terme. Peut-être que les homosexuels, plus facilement rejetés par la société en général, vivent un plus grand manque d'acceptation pour qui ils sont vraiment, et ils donnent donc davantage d'importance au paraître qu'à l'être afin de masquer leur vide émotif intérieur. Que ça soit le cas ou pas, je trouve important d'offrir une nouvelle piste de solution pour alléger ce problème.

Avant d'aller plus loin, je tiens à spécifier que je n'ai rien contre la superficialité, au contraire! Par le passé, je dénigrais tout ce que je considérais comme superficiel, en passant par la mode, l'attachement à la beauté physique et les sujets de conversation plus légers. Maintenant, je crois en fait qu'une relations saine comporte de la superficialité *et* de la profondeur. Lorsqu'on est capable d'avoir les deux, on profite de toutes les possibilités de connexion et de partage avec l'autre qui s'offrent à nous. On développe alors une relation solide de par sa profondeur, mais également légère de par sa superficialité.

Traditionnellement, lorsqu'on manque de confiance en soi, on tente de se rassurer avec les gens qui nous entourent. Je vois plusieurs gars fréquenter les réseaux sociaux et les sites de rencontres de façon quasi compulsive afin de grappiller quelques confirmations qu'ils sont attirants et désirés. En fait, je trouve triste et fascinant de voir comment chacun se dévoile inconsciemment. Par exemple, lorsqu'on chatte, une réponse qui prend quelques secondes de trop à venir engendre souvent la question : « Je ne te plais pas? » Pourquoi, des dizaines de raisons qui pourraient expliquer pourquoi on prend quelques secondes de plus à répondre, c'est celle du désintérêt que notre interlocuteur choisit? C'est parce qu'il manque de confiance en lui. Paradoxalement, c'est cette peur du rejet qui *cause* le rejet! Et, c'est vrai pour toutes les peurs, selon moi. C'est pourquoi il faut faire très attention aux peurs qu'on entretient, parce qu'on est pratiquement toujours le responsable de leur matérialisation.

Par exemple, si j'ai peur de faire une présentation orale devant un groupe et que, incessamment, je repasse mentalement tout ce qui pourrait mal aller pendant cette présentation, je suis beaucoup plus à risquer de me planter que si je choisis de mettre le focus sur ce qui pourrait *bien* se passer! Tout sur quoi on choisit de mettre notre attention prend de l'ampleur. Donc, si on « choisit » (souvent inconsciemment) de mettre notre attention sur ce qu'on ne désire pas, on va accentuer l'importance des éléments qu'on ne voudrait pas voir et déformer notre perception de la réalité en notre défaveur. En plus, il faut aussi savoir que notre subconscient contrôle 95% de nos pensées quotidiennes! C'est-à-dire que les « choix » que nous allons faire au cours d'une journée sont à 95% déterminés d'avance, avant même qu'on se lève le matin! C'est vrai pour les actions qu'on pose, mais aussi pour les pensées qu'on choisit d'entretenir. En fait, tout part de nos pensées, qui influencent nos émotions, et qui déterminent ensuite nos actions.

Le fait que la majorité de nos pensées soient déterminées par nos habitudes est un mécanisme très utile du cerveau qui nous libère de devoir être concentré sur les tâches mondaines du quotidien, mais c'est aussi un mécanisme nuisible quand les programmes ne nous servent pas! Voici un exemple : lorsqu'on apprend à conduire, toute notre attention doit être concentrée sur la conduite. On apprend à coordonner nos bras sur le volant avec nos jambes sur les pédales et il y a une foule de détails auxquels on doit porter attention. Avec la répétition, cependant, on « programme » notre cerveau et conduire devient une habitude à laquelle on n'a plus besoin de consacrer toute notre attention. Après quelques mois ou quelques années, on se surprend même à avoir conduit distraitement pendant quelques minutes et on réalise qu'on a été sur le « pilote automatique ». C'est que la tâche « conduire » a été enregistrée dans notre subconscient par la répétition. Dans ce cas, le pilote automatique de la fonction « conduire » est utile puisqu'il nous permet de concentrer notre attention ailleurs que sur la conduite. Par contre, nous sommes remplis de programmes (c'est le 95%!) et plusieurs d'entre eux sont nuisibles. Par exemple, on possède des programmes sur absolument tout, comme ceux qui nous disent comment réagir en public, quoi faire pour être aimé ou quel genre de relation amoureuse va nous intéresser.

Tous ces programmes nous viennent de notre enfance et nous les avons intégrés par les enseignements de nos parents et des gens autour de nous. Une fois ces programmes intégrés à notre subconscient, tous ces acquis se mettent à fonctionner comme un thermostat qui régule notre vie. S'il est réglé sur vingt degrés, peu importe que la température baisse ou monte, le thermostat va ramener la température de la pièce à vingt degrés. Pour augmenter notre niveau de confiance en soi, il faut donc travailler sur le *thermostat* plutôt que sur la température, c'est-à-dire qu'il faut changer les habitudes à l'intérieur de soi plutôt que de concentrer les efforts sur tenter de contrôler l'image qu'on projette. En d'autres mots, si notre confiance personnelle est réglée sur « vingt-cinq », elle restera la même, peu importe qu'on s'habille avec des vêtements plus chics, qu'on améliore notre profil Facebook ou qu'on ait une vie sociale hyperactive. La seule façon de l'augmenter, disons à « cinquante », c'est de le faire à partir de l'intérieur : en améliorant notre dialogue interne et nos croyances par rapport à nous-mêmes.

De plus, on enregistre moins par le verbal et beaucoup plus par les émotions. Tous ces programmes se sont donc insérés en nous à notre insu, par le subconscient. Par exemple, un de mes ex-copains me disait régulièrement qu'il m'aimait, et je l'ai cru pendant longtemps sans questionner, mais lorsque je me suis mis à comparer ses agissements avec ses paroles, j'ai rapidement constaté la dichotomie. D'ailleurs, il est devenu beaucoup plus stressé, lorsque je lui ai dit que je n'allais plus le juger sur ses paroles, mais uniquement sur ses actions. Ce genre de comportement est d'autant plus pernicieux qu'il contient un message contradictoire entre le verbal et le ressenti. On croit aux paroles qu'on entend, mais on sent autre chose, ce qui crée de la confusion à l'intérieur de soi et davantage de manque de confiance en soi. Pour se sentir bien, il faut aligner ses croyances et ses actions et vivre en pleine intégrité.

En comprenant comment on fonctionne, en prenant conscience du pouvoir que le subconscient exerce sur nous, on peut progressivement commencer à changer ce qui ne nous convient pas et à assumer le reste. Une fois qu'on a déterminé ce qu'on désire améliorer, on peut se reprogrammer de la même façon qu'on a été programmé initialement : par la répétition. Il faut corriger son dialogue interne et recommencer à avoir une conversation positive avec soi-même. De cette façon, on s'occupe des programmes mentaux qui doivent être améliorés. Mais, pour que tout ça fonctionne, il est important de simultanément s'occuper des programmes émotionnels. Pour ce faire, les deux meilleurs outils que je connais sont la méditation et le travail énergétique, comme le reiki, par exemple. Le travail énergétique est fabuleux parce qu'il permet de résoudre des problèmes dont on n'est même pas conscient. J'ai rencontré une psychologue pendant plusieurs années et j'ai définitivement fait des progrès avec elle, mais je dois avoir progressé dix ou vingt fois plus rapidement grâce au reiki!

J'ai en fait souvent rencontré des psychologues qui auraient eu besoin d'une bonne psychothérapie eux-mêmes! On peut aider les autres sans posséder toutes les connaissances soi-même, mais la plupart des psychologues que j'ai rencontrés n'atteignaient pas le seuil minimum de bien-être personnel dont j'avais besoin pour me laisser guider par eux. Si vous optez pour l'avenue de la psychothérapie, il faut choisir le thérapeute avec soin et surtout – **SURTOUT!** – écouter son ressenti. Je n'ai investi mon temps et mon argent qu'avec la seule psychologue avec qui je me sentais bien. L'inconvénient avec une psychothérapie, c'est qu'on essaie de régler des problèmes rationnels par le rationnel. Comme je l'ai déjà dit, ce n'est pas de réaliser que je suis manipulateur ou dépendant affectif qui m'a libéré de ces afflictions! Par contre, c'est en comblant le vide affectif par moi-même et en me détachant de mon mental que j'ai amélioré la situation. C'est alors que la méditation et le travail énergétique sont entrés en jeu!

Toutes nos blessures de jeunesse qu'on doit guérir pour améliorer notre bien-être sont emmagasinées dans notre subconscient et, tant qu'elles sont là, on ne sait même pas qu'on doit aborder ces thèmes avec notre psychologue. Même si on les aborde, ça permet très peu de les régler, selon mon expérience. Par contre, je crois que je devais passer par la psychothérapie d'abord, parce que je n'avais pas l'ouverture nécessaire aux alternatives plus ésotériques à l'époque. S'il est nécessaire, une fois le travail psychologique effectué, il est impératif de travailler sur le subconscient et le travail énergétique est la façon la plus efficace que j'ai trouvée.

Dans mon cas, le travail énergétique s'est traduit par des sessions de reiki. Comme pour la psychothérapie, il est bien de choisir son thérapeute de reiki par les recommandations des autres et en suivant son propre ressenti intérieur. Je crois malheureusement qu'il existe beaucoup de charlatans dans le domaine et il faut donc rester vigilent à qui on se confie et on confie notre argent. Par contre, ça ne veut pas dire qu'il faut éliminer d'emblée l'avenue du travail énergétique, au contraire! J'ai personnellement testé cinq thérapeutes et je suis resté critique face à l'évolution de mon bien-être. Il y a en a une que je n'ai visité qu'une seule fois, parce qu'elle a tenté de me vendre des produits naturels et je trouvais qu'elle avait trop à cœur son profit personnel. Il y en a une autre que j'ai bien aimée il y a quelques années, mais que je ne reverrais plus maintenant, parce que je réalise que je cherche un thérapeute plus « avancé » que ce que je cherchais au début. Par contre, j'ai aussi suivi une thérapeute en Californie pendant plusieurs mois et un autre au Québec pendant plus d'un an et je suis toujours sidéré de constater les progrès que j'ai réalisés avec eux. J'ai une meilleure confiance en moi, je suis plus solide dans l'expression de mes opinions et je me sens mieux dans ma peau.

Changer ses habitudes

Contrairement à l'impression qu'on peut avoir, la confiance en soi est complètement acquise. Si on a l'impression qu'elle vient plus facilement ou qu'elle est innée pour certains, c'est probablement qu'ils ont grandi dans un environnement positif où la valorisation et les encouragements étaient abondants, éléments qui facilitent le développement de la confiance personnelle. Cependant, peu importe le contexte dans lequel on a grandi, il est possible de développer sa confiance personnelle pour qu'elle devienne solide et inébranlable. Le plus important est le dialogue intérieur : si on se parle soi-même avec Amour et avec des paroles enrichissantes, on augmentera alors notre confiance et les autres nous en renverront la confirmation par leurs réactions. Cependant, si notre dialogue intérieur est pauvre et qu'on ne se valorise pas par des paroles qui soutiennent, on devient victime de l'opinion des autres et notre confiance s'effrite. Dans les deux cas, positif ou négatif, tout part du dialogue qu'on entretient avec soi-même, qui se répercute ensuite sur les gens qui nous entourent. Afin de devenir maître de notre vie et de nos pensées, il faut développer une solide force mentale. Si on a endurci notre force mentale et qu'on reçoit une remarque désobligeante, elle sera oubliée après quelques secondes parce que notre estime personnelle est élevée et que nos idées sont claires.

Il faut en fait distinguer la théorie de la pratique. En théorie, on peut se lever un matin, se dire que c'en est fini avec le manque de confiance et ce sera effectivement le cas. Il faut cependant savoir que l'influence extérieure de ceux qui nous entourent est très forte. Il n'a pas à en être ainsi, mais on apprend à laisser les autres modeler notre réalité depuis qu'on est tellement jeune que d'abandonner la croyance qu'il peut en être autrement est très difficile. Un excellent livre qui m'a beaucoup aidé à m'émanciper du jugement des autres s'intitule : « Les quatre accords Toltèques » de Don Miguel Ruiz.

Améliorer sa confiance en soi est un processus, ce qui veut dire que ça requiert du temps et beaucoup de persévérance pour s'accomplir. Il est donc primordial d'avoir une totale confiance envers le processus, parce que beaucoup d'efforts sont nécessaires avant de voir les résultats. Paradoxalement, lorsque notre confiance personnelle est basse, on n'a souvent pas tendance à déployer beaucoup d'efforts pour se sortir de la situation négative. Notre discours intérieur est pauvre et nous sommes découragés d'investir des efforts dans quoi que ce soit. Le plus difficile est donc de sortir de l'inertie. Comme pour un avion qui décolle, beaucoup plus d'énergie est requise pour le décollage que le maintien dans les airs. Donc, contrairement à ce qu'on pourrait croire, apporter de grands changements à sa vie ne demande pas de solutions drastiques : cela demande plutôt de petits efforts soutenus dans le temps.

Comme je l'ai mentionné, l'important est de changer nos habitudes, le thermostat. Par exemple, pour mieux voir le positif dans ma vie, je rédige un journal à tous les soirs où je liste les cinq succès de ma journée. Ces succès peuvent être aussi simples que d'avoir choisi l'option santé au dîner, jusqu'à des réalisations plus importantes, comme celle d'avoir pris la parole devant cinq cents personnes. L'important, dans cet exercice, n'est pas la taille des succès, mais la constance de les nommer à tous les jours. J'appelle toutes les activités que je fais quotidiennement pour améliorer ma confiance personnelle et atteindre mes objectifs mes « rituels ». C'est un peu comme si prendre sa douche chaque jour était un rituel pour se sentir bien dans son corps et que nommer ses succès chaque jour était un rituel pour être bien dans sa tête et son cœur.

Améliorer son bien-être

Selon moi, la plus importante croyance erronée de notre époque est que le bien-être provient de l'extérieur de soi plutôt que de l'intérieur. C'est d'ailleurs l'avis de Jamie Smart qui l'affirme dans son livre « Clarity » (en anglais). Il fait un parallèle très intéressant avec les années 1800, où l'existence des microbes était totalement inconnue de tous. Les gens de l'époque croyaient que les maladies émanaient des mauvaises odeurs et ils s'assuraient donc de se parfumer pour éviter de tomber malade. La première personne qui a offert l'hypothèse que les maladies pouvaient provenir d'organismes invisibles à l'œil nu a été complètement ridiculisée. Pourtant, deux cents ans plus tard, c'est exactement l'inverse : c'est de croire que les maladies proviennent des mauvaises odeurs qui n'est aucunement crédible!

Jamie affirme qu'il s'agit de la même chose pour le bonheur : croire que le bonheur provient d'une source extérieure à soi est une aberration qui va être complètement ridicule dans un certain nombre d'années, alors que cette croyance est aujourd'hui la norme. Parce que, même si pas mal tout le monde a déjà entendu que le bonheur se trouve à l'intérieur de soi, très peu de gens comprennent ce que ça veut dire véritablement. En fait, je crois même que ça ne peut pas se comprendre : ça doit se vivre, s'expérimenter. Il faut d'abord adapter ses actions en fonction de cette croyance pour ensuite profiter des bénéfices. Contrairement à l'adage : « Il faut le voir pour le croire. », c'est plutôt : « Il faut le croire et le mettre en application pour ensuite en retirer et voir les bénéfices. »

J'ai testé l'idée et je peux dire que ça fonctionne à merveille! Quand on parvient à trouver le bonheur à l'intérieur de soi, on trouve une source de satisfaction durable et beaucoup plus puissante que quiconque peut nous fournir. Ce qui est merveilleux dans tout ça est que, une fois ce sentiment ressenti, on peut y accéder à nouveau une deuxième, puis une troisième fois, toujours de plus en plus facilement! Bien sûr, ça ne veut pas dire que tous les jours sont absolument fabuleux et qu'il n'y a plus rien du tout qui peut nous faire tomber de notre nuage. Mais les chutes sont de plus en plus courtes et de moins en moins basses. Aujourd'hui, je peux même dire que mes bas sont plus hauts que mes hauts d'il y a cinq ans! C'est parce que je vis ma vie avec tellement d'intensité et de profondeur, je suis si solidement connecté au bonheur que je ne peux plus me sentir aussi isolé et perdu que par le passé.

Pour accélérer le processus vers un bien-être plus permanent, il peut être très intéressant de participer à des séminaires de développement personnel. Tout ce qui permet d'apprendre à se connaître soi-même permet également d'élever sa conscience, d'apprendre à s'aimer, de mieux s'accepter et donc d'être plus épanoui avec soi-même et avec les autres. Par contre, tous les séminaires n'ont pas la même valeur. Beaucoup sont, à mes yeux, un grand rassemblement de gens « malheureux » qui se complaisent à être victimes ensemble. D'autres encore ne restent que dans la théorie rationnelle de l'amélioration du bien-être et offrent peu de solutions concrètes vers une amélioration durable et permanente du bonheur. Il faut donc choisir les bons séminaires, ceux qui ont fait leurs preuves, qui nous ont été recommandés par notre entourage et ceux qui procurent des résultats probants. Selon mon expérience, ceux qui répondent le plus à ces critères sont les séminaires de Peak Potentials (en anglais). Bien que plusieurs soient basés sur l'accroissement de la richesse financière, leurs fondements sont solidement ancrés dans la croissance personnelle car, comme ils le disent si bien : en travaillant fort dans son emploi, on gagne sa vie, en travaillant fort sur soi-même, on fait fortune!

Je réalise d'ailleurs en parcourant le chemin de la croissance personnelle que l'accumulation de richesses est intimement liée à la croissance personnelle. Puisque tout est énergie, s'ouvrir aux autres et offrir des produits et services à forte valeur ajoutée à une large audience n'a pas d'autre choix que d'être récompensé par une rétribution monétaire abondante. Les séminaires de Bob

Proctor m'ont beaucoup fait avancer également. Bob est le maître de la simplicité et est très habile à déterrer les croyances nuisibles qui habitent notre subconscient à l'aide de quelques questions simples et judicieusement choisies. En apportant ces croyances au niveau du conscient, on peut commencer à les changer pour des croyances qui nous servent davantage.

J'aime beaucoup les séminaires parce qu'ils nous donnent souvent une décharge d'énergie qui propulse vers l'avant et donne la confiance nécessaire pour entamer des transitions au niveau personnel. Ils sont d'excellents catalyseurs qui permettent d'accélérer le changement et de trouver le support nécessaire auprès de gens œuvrant vers un objectif similaire au notre. Cependant, comme je l'ai déjà dit, le vrai travail se fait au quotidien et le véritable changement provient des petites habitudes qu'on change, une à une.

Quoi faire maintenant?

Lire, c'est bien beau, mais sans action, ça ne permet pas d'avancer! Le plus important, après la lecture de ce livre, c'est d'agir. Plusieurs options s'offrent à vous.

J'ai recommandé des exercices pour se préparer à faire son coming out : se pratiquer à entamer une discussion avec des inconnus ou s'exercer à faire fi de l'opinion des autres. Une autre alternative est de commencer à parler de son orientation sexuelle avec des gens de confiance, dans un environnement sécuritaire et sans jugement. C'est pourquoi j'organise un groupe de rencontres virtuelles hebdomadaires où tout le monde est libre de s'exprimer en lien avec son coming out à faire ou fraîchement réalisé. Tous les détails de ce groupe se trouvent sur :
facebook.com/martinpelletierformations

J'ai également une chaîne YouTube alors, pour voir mes vidéos ou rejoindre ma chaîne, rendez-vous sur :
youtube.com/user/enamourpourtoujours

Si j'ai suscité en vous de l'intérêt pour la méditation, je recommande les mp3 gratuits de Passeport Santé. Il y en a plusieurs, ils sont d'une durée de cinq à trente minutes et il suffit de choisir ceux qui vous plaisent le plus. C'est avec ces téléchargements que j'ai moi-même commencé. Au début, c'est plus facile de les faire dans un endroit calme et silencieux, mais après quelques temps, on peut méditer dans le bus ou le métro, dans les endroits publics, dans une file d'attente, bref, n'importe où! Ils sont dans la section « Méditer et bien plus » :
passeportsante.net/fr/audiovideobalado/Balado.aspx

Finalement, il est important de ne pas sous-estimer le pouvoir des petits pas. Rappelez-vous comment je décris la situation dans laquelle j'étais à l'âge de quinze ans en comparaison à celle où je suis maintenant. Ce qui était une source de honte et de malheur pour moi représente aujourd'hui une fierté d'acceptation et de persévérance. Peu importe le niveau d'acceptation où vous êtes rendus aujourd'hui, il faut faire un pas vers l'avant, à chaque jour, c'est tout ce qui compte.

J'aime bien comment T Harv Eker parle de la résolution des problèmes dans son livre « Secrets of the Millionaire Mind » (Les secrets d'un esprit millionnaire). Il affirme que si on a un problème de niveau cinq, mais qu'on est soi-même une personne de niveau trois, il faut alors travailler sur soi-même pour devenir un niveau sept et le problème de niveau cinq se dissoudra par lui-même. Les défis qui sont posés dans notre vie servent à nous faire grandir, à apprendre à se dépasser pour devenir une personne meilleure et aider les autres en retour.

Je vous souhaite beaucoup de bonheur dans cette grande aventure qu'est la vie!

Bonne route!

P.S. J'adore avoir des nouvelles de mes lecteurs et j'aimerais connaître votre avis sur mon livre. N'hésitez donc pas à me laisser un « Avis du consommateur » sur Amazon!